KB104479

우리가 몰랐던

세상의 모든 왕들

우리가 몰랐던

세상의 모든 왕들

김진 지음

무엇이 그들을 '왕'으로 만들었는가?

1984년. 게르트 바이슬러는 동독 슈타지STASI(국가안전부) 요원이다. 조직에서의 처세가 시원찮아 학생들에게 강의하는 처지지만 그는 냉정함과 무자비함을 무기로 도청과 취조에서 압도적인 실력을 자랑한다. 그러던 어느 날 강의를 하던 바이슬러에게 반동으로 의심되는 극작가 드라이만의 일거수일투족을 감시하라는 명령이 떨어진다. 드라이만과 그의 아내인 배우 크리스타의 모든 것을 완벽하게 감시하던 바이슬러는 그들의 삶에 동요된 나머지 그들을 돕고야 만다. 결국 바이슬러는 감시의 대상을 도운 정황이 탄로 나 우편물을 검사하는 한직으로 쫓겨나고, 자신을 감시하던 이가 자신을 도왔다는 사실을 뒤늦게 안 드라이만은 자신의 책을 그에게 바치는 것으로 감사를 대신한다.

바이슬러는 도청·취조 전문가를 꿈꾸는 학생들에게 강의하면서 이렇게 말했다.

"여러분은 도청이란 작업에서 항상 사회주의 적들과 대면하게 될 것이다."

이 이야기는 플로리안 헨켈 폰 도너스마르크Florian Henckel von Donnersmarck 감독의 영화 《타인의 삶》(2006)의 내용이다. 이 내용이 영화가 아닌 실제였더라면 사회주의 혹은 냉전에서 비롯된 이념의 대립이 만들어낸 '도청왕 게르트 바이슬러'로 이 책에 실렸을 것이다. 고로 이 책은 실존했던 혹은 실존하는 각 분야의 게르트 바이슬러들에 대한 이야기다.

이 책에서 말하는 '왕'은 각 분야에서 최고인 사람들을 뜻한다. 그리고 더욱 중요하게 다루고 싶었던 이야기는 왕위에 오르기까지의 드라마틱한 삶이 아니라 왕을 탄생시킨 시대의 부름이었다. 냉전이 도청왕 바이슬러를 탄생시켰듯이 마약왕을 탄생시킨 미국의 남미 패권주의, 비극왕을 탄생시킨 일본의 제국주의, 건국왕을 탄생시킨 배타적 민족주의에 대한 이야기를 하고 싶었다. 개인의 욕망과 최후 혹은 능력 뒤에 숨어 있는 시대의 실체 말이다.

따지고 보면 이 책은 우리가 경험한 혹은 경험하지 못한 역사에 대한 이야기다. 그런 면에서 대륙별, 성별, 시대별로 주인공을 안배하고자 했지만 아프리카 대륙 주인공이 빠지고, 주인공 간의 성비가 맞지 않고, 시대가 근현대사로 살짝 쏠리면서 미수에 그치고 말았다.

이 책에 등장하는 왕들은 모두 왕위에 오를 만한 충분한 능력을 지녔다. 마약왕과 처세왕 같은 부정적인 능력과 건국왕과 할인왕 같은 긍정적인 능력으로 나눠볼 수도 있겠으나 그들의 능력에 부정적인 면과 긍정적인 면이 공존한다는 것이 보다 정확한 표현이겠다. 확실한 것은 모든 왕들의 뒤에 시대가 욕망의 똬리를 틀고 있다는 것이다.

현재 전 세계에서 가장 주목받고 있는 미국 공화당 대통령 후보 도널드 트럼프를 보자. 민주당 대통령 후보인 힐러리 클린턴에게 고작 3퍼센트 정도 뒤처진 그의 지지도를 그의 존재 혹은 능력만으로 해석할 수는 없다. 온갖 자극적이고 강경한 발언을 서슴지 않고 쏟아내는(심지어 트럼프는 강간 혐의로 무려 세 번이나 기소된 적이 있다) 그를 향한 지지는 미국은 물론 유럽, 아시아에서 등장하고 있는 극우를 향한 환영에서 확인할 수 있다. '묻지도 따지지도 말고 자국 우선주의'라는 플래카드가 가득 펼쳐진 열렬한 환영 말이다. 그런데도 시대는 트럼프를 어쩌다 등장한 또라이 대통령 후보쯤으로 치부한다. 2016년 10월 3일 현재 《뉴욕타임스》를 통해 탈세 혐의가 폭로되면서 트럼프는 가장 심각한 곤경에 처했다. 모든 언론이 탈곡기가 되어 트럼프를 파렴치한 탈세범으로 낙인찍고 탈탈 털어대고 있다. 언제든 어떤 방식으로든 탈세가 가능한 우리 시대의 시스템에 대해서는 묵인한 채 말이다. 장담한다. 어디선가 트럼프와 같은, 아니 더 정교하고 악랄한 방식으로 탈세하고 있는 수많은 탈세왕이 있다는 사실을.

한 가지 짚고 넘어가고 싶은 것은 미국과 한국을 대표하는 왕이 이 책에 등장하지 않는 이유다. 미국에는 영토와 인구 그리고 그들이 전 세계에 행사하는 권력에 걸맞게 수많은 왕들이 존재한다. 동시에 미국은 근현대사를 수놓은 굵직한 사건들에 대부분 연루되어 있다. 이스라엘-팔레스타인 분쟁이라는 중동의 비극에서도, 남미의 마약 밀매 현장에서도, 20세기 중반 패망한 일본에서도, 심지어 18세기 중국의 해적에게서도 미국의 체취를 느낄 수 있다. 그래서 미국을 대표하는 왕을 굳이 따로 등장시키지 않았다.

한국은 조금 사정이 다르다. 내가 지금 이 글을 쓰고 있는 이 나라야말로 찾으면 찾을수록 왕들이 쏟아져 나오는 화수분 같은 곳이다. 그럼에도 한국을 대표하는 왕이 없는 이유는 분단된 것도 서러운데 북은 북대로 남은 남대로 전통적인 의미에서의 왕이라는 권력이 형태는 다르지만 실존하고 있다는 사실에서 오는 서글픔 때문이다. 지금이 21세기라는 사실을 부정하고 싶을 정도로 말이다. 핑계처럼 들릴지 모르겠지만 한국의 왕을 선택하고 글을 썼더라면 몰려오는 무기력함에 이 책을 시작도 못 했을지 모른다.

끝으로, 이 책은 2015년 7월 13일부터 딴지일보ddanzi.com에 연재된 네 명의 왕에 새로운 네 명의 왕을 추가해 완성되었다. 첫 시작은 '마약왕 파블로 에스코바르'였고 그 글을 읽어주신 많은 분들 덕에 여기까지 올 수 있었다. 딴지일보를 통해 읽어주신 많은 분들과 서문의 마지막 몇 자를 쓸 때까지 내 글과 함께해준 함현식, 최용수, 이지원, 남승록 님께 특별히 감사의 마음을 전한다.

자, 그럼 지금부터 8인의 왕을 탄생시킨 시대의 얍삽함을 경험해보시라.

2016년 10월

김진

차례

구(舊)소련

일본

청나라

166–193

투자왕
제롬 케르비엘

최악의 금융 스캔들을 만들어낸 역사상 최고의 마이너스 투자자

독일
프랑스
스페인
이스라엘

140–163

처형왕
미카엘 세르베투스

세계 문화에 기여한 인물을 두 번이나 화형에 처한 건 다름 아닌 종교였다

226-248

할인왕

알브레히트 형제

극강의 할인 제국 '알디'를 건설한
은둔과 검소함의 끝판왕

196-223

건국왕

골다 메이어

유대인에겐 국가를, 팔레스타인인에겐
비극을 안겨준 원조 '철의 여인'

마약왕
파블로 에스코바르

"When a man wants to murder a tiger he calls it sport; when the tiger wants to murder him he calls it ferocity. The distinction between Crime and Justice is no greater."

"인간이 호랑이를 죽이려고 하면 스포츠라고 하지만,
그 호랑이가 이에 맞서려고 하면 흉포하다고 한다.
범죄와 정의 사이에는 이처럼 차이가 별로 없다."

조지 버나드 쇼 George Bernard Shaw

쿠바의 영웅도 자빠트린 마약왕

2015년 7월 11일, 최고 수준의 보안을 갖춘 멕시코 알티플라노 교도소에 갇혀 있던 재소자 한 명이 탈옥에 성공했다. 탈옥의 주인공은 미국을 상대로 한 멕시코의 불법 마약 거래 중 25퍼센트를 장악한 악명 높은 시날로아 카르텔CDS[1]의 두목 호아킨 구스만이었다. 탈옥 방법은 간단했다. 가로세로 50센티미터, 깊이 10미터, 교도소 샤워실에서 인근 건물까지 총 1.5킬로미터 길이의 땅굴을 판 뒤 제 맘대로 쿨하게 출소한 것이다.

멕시코 일간지 《밀레니오Milenio》는 최소한 네 명의 인부를

1 Cártel de Sinaloa. 멕시코의 마약 카르텔로 멕시코 최대의 마약 범죄 조직이다.

동원하고 352일 동안 매일 6.5톤 트럭으로 토사를 실어 날라야 탈옥에 이용된 땅굴을 파낼 수 있었을 것이라 전했다. 다시 말해 17개월 동안 갇혀 있던 한 인간의 능력으로는 도저히 이뤄낼 수 없는, 교도소 내부(교도관 등)와 외부(땅굴 장인 등)를 잇는 강력한 협조자들이 있어야만 가능했을 '땅굴 오브 더 땅굴'이라는 말. 이 땅굴의 완성은 상상도 못 할 엄청난 부를 축적하고 지역 주민에게 영웅으로 칭송받으며 때로는 정부보다도 막강한 권력과 폭력을 휘두르는 '마약왕'이었기에 가능했다고 볼 수 있다.

탈옥 후 로스카보스 인근 해변의 저택에 숨어 호의호식하고 있다고 알려진[2] 호아킨 구스만은 매년 《포브스Forbes》가 뽑는 억만장자 리스트에 2009년부터 2012년까지 4년 연속 오르면서 많은 이의 머릿속에 마약왕으로 각인되었다. 하지만 시간을 거슬러 올라가 1989년 7월 쿠바의 상황을 살펴보면 진짜 마약왕은 따로 있음을 알 수 있다.

1989년 7월 7일 쿠바. 피델 카스트로의 혁명 동지이자 30년

2 탈옥 후 6개월간 은신해 있던 호아킨 구스만은 2016년 1월 8일 멕시코 중서부 로스모치스의 한 가옥에서 검거됐다.

간 쿠바군에 몸담아온 아르날도 오초아 산체스Arnaldo Ochoa Sánchez 장군이 마약 밀매 및 부패 혐의로 사형을 선고받았다. 오초아 장군은 쿠바 역사상 여섯 명만 받은 공화국 영웅훈장을 비롯해 쿠바 정부가 수여하는 거의 모든 훈장을 받은 영웅이었다. 쿠바의 여론은 쿠바가 마약 밀매에 반대한다는 것을 보여주기 위해서 사형을 선고해야 한다는 의견과 혁명가로서의 공헌을 정상 참작해야 한다는 의견으로 나뉘었다. 하지만 결국 사형이 선고되었는데, 오초아 장군을 사형에 이르게 한 결정적인 이유는 콜롬비아 마약 밀매 조직인 메데인 카르텔이 코카인과 마리화나를 미국으로 반입하기 위한 중간 기착지로 쿠바를 경유케 해주고 그 대가로 뇌물을 받았다는 것이었다.[3]

이렇게 쿠바의 국민 영웅을 마약 밀매의 협조자로 가뿐히 전락시킨 메데인 카르텔의 두목이자 1987년 억만장자 리스트 7위에 오른 '역사상 가장 강력하고 비정한 마약왕'이라 불린 사나이. 바로 파블로 에스코바르Pablo Escobar Gaviria(1949~1993)다.

3 17년간 피델 카스트로의 경호원을 지낸 후앙 레이날도 산체스가 지난 5월 출간한 《피델 카스트로의 이중생활》에는 카스트로 역시 마약 거래에 관여했으며, 미국이 눈치를 챈 것 같자 오초아 산체스를 희생양으로 삼았다는 내용이 기술되어 있다.

파블로 에스코바르

콜롬비아 중부 안티오키아 주의 주도인 메데인Medellin은 콜롬비아에서 수도 보고타 다음으로 큰 도시로, 적도에서 멀지 않은 해발 1500미터의 고원 지대여서 연중 섭씨 20도 정도의 기온이 유지되는 탓에 '영원한 봄의 도시'라 불린다. 화가 페르난도 보테로Fernando Botero[4]의 고향으로도 잘 알려진 곳이다.

메데인은 한때 섬유·의류 사업으로 번창했다. 노동집약적인 섬유·의류 산업에 필요한 풍부하고 값싼 노동력과 미국이라는 거대한 시장에 인접한 지리적 특성 덕에 가능했던 일이었다. 하지만 1950년대 말경 아시아 국가들이 경쟁자로 등장하면서 섬유·의류를 기반으로 한 지역 경제는 몰락의 길을 걷기 시작했다. 지역 경제의 몰락으로 거리에 쏟아져 나온 주민들이 선택한 것은 다름 아닌 밀수, 정확히는 금·보석 등의 '사치품 밀수'였다. 이 역시 지리적 특성 때문에 손쉽게 시작할 수 있었고, 그 지역의 독특한 문화적 특성인 파이사스Paisas[5]가 더해지면서 메데인은 밀수의 메카로 성장하게 되었다. 이즈음 파블로 에스코바르는 메데인의 가난한 노동자 가정에서

4 사회에 대한 다양한 비판의식을 유머러스하게 표현한 콜롬비아의 미술가.

5 '돈을 벌기 위해 모험적인 생활을 즐기는 사람'을 뜻한다.

태어나 절도와 밀수로 잔뼈가 굵어갔다.

1970년대 반전 운동과 히피의 등장으로 미국의 마리화나 수요가 폭발적으로 늘어나면서 메데인의 밀수품 중 마리화나가 두각을 나타내기 시작했다. 그로 인해 사치품 밀수 종사자들이 마약 밀매로 대거 전직을 시도했는데, 25세의 에스코바르 역시 마약 운반 차량을 안전하게 이동하도록 경찰을 매수하는 일명 '길 청소Clean The Way'로 마약 밀매 세계에 등장했다.

에스코바르가 손댄 마약은 마리화나가 아닌 코카인이었다. 1970년대 말 최대 마약 시장인 미국의 기호가 마리화나에서 코카인으로 넘어가기 시작했고, 1978년 콜롬비아 경찰과 군이 콜롬비아 최대의 마리화나 경작지인 과히라Guajira 반도에서 박멸 작전을 벌이는 등 대내외적 요인이 작용했기 때문이었다. 아울러 1973년 칠레에서의 군사 쿠데타로 칠레의 코카인 정제 장인들이 콜롬비아로 이주한 탓도 있었다. 게다가 마리화나의 수익성은 코카인에 비하면 새 발의 피였다.

당시 메데인에서는 수많은 군소 조직이 마약을 밀매하고 있었다. 이런 상황을 종식시키고 마약 조직을 조직적이고 잔인한 '카르텔'로 만들어 전 세계 코카인 시장을 장악해버린 이가 바로 에스코바르였다. 에스코바르는 군소 조직 두목들에게 코카인의 제조·운반·판매에 이르는 조직적인 카르텔을 제안해 메데인 마약 시장을 주도하기 시작했다. 이 과정에서 잔인하기로 둘째가라면 서러워할 호세 가차, 아버지가 마약 밀매상이었던 탓에 판매 네트워크를 가지고 있었던 오초아 형제, 오랜 보석 밀매로 자금과 인맥을 확보하고 자유로운 영어 구사가 가능했던 운송의 달인 카를로스 레데르가 결합하면서 조직의 진용을 갖췄다. 그리고 그들 중 에스코바르가 두목으로 나섰다. 이유는 간단했다. 수완과 잔인함에 있어 타의 추종을 불허했기 때문이었다.

먹을래, 죽을래

원래부터 잔인했던[6] 파블로 에스코바르가 주도하는 조직인 메데인 카르텔이 마약 시장에서 우뚝 서게 된 계기는 바로 1981년 11월 콜롬비아 게릴라 M19[7]가 오초아 형제의 누이인 마르타 오초아를 납치한 사건이었다. 납치가 벌어지자 오초

6 에스코바르는 1977년 코카인을 밀매하던 자신을 체포한 연방 경찰관 두 명을 살해하고 몇 해 뒤에는 자신을 체포하는 데 협조한 DAS Departomento Administrativo Seguridad(콜롬비아의 FBI) 메데인 지부장도 암살했다.

7 1970년 4월 19일 발생한 선거 부정을 계기로 무장 투쟁에 나선 좌익 게릴라 부대.

아 형제의 소집으로 메데인의 많은 마약 밀매상들이 모여 메데인 카르텔의 모체가 되는 MAS[8]를 결성했다. M19와 MAS의 대립은 40여 일간 서로를 향한 납치, 보복 처형, 도심 전투로 이어졌고, 결국 양 조직 간의 비밀 협정 뒤 마르타 오초아가 풀려나면서 마무리되었다.

마르타 오초아 납치 사건을 계기로 모여든 마약 밀매상들의 연합인 MAS를 기반으로 메데인 카르텔이 탄생했다. 두목인 에스코바르는 이때부터 콜롬비아뿐 아니라 전 세계 코카인 시장을 자기 맘대로 주무르며 마약 시장의 왕좌에 오르기 위해 물불을 가리지 않고 달리기 시작했다.

마약왕은 마약왕다웠다. 그 누구든 닥치는 대로 포섭하고 포섭에 응하지 않으면 제거했다. '플라타 오 플로모Plata o Plomo'[9]가 그의 슬로건이었다. 포섭과 제거의 대상은 광범위했다. 라이벌 마약 조직은 물론이고 자국의 정치인, 각료, 군경, 그리고 자신을 잡기 위해 혈안이 되어 있던 미국의 마약단속국 요원들까지 닥치는 대로 포섭하거나 제거했다. 32세가 되

8 Muerte a Secuestradores. '납치범에게 죽음을'이란 뜻으로 M19에 대한 보복을 위해 결성됐다.

9 '은이냐? 납이냐?'라는 뜻으로 '뇌물을 받든지 총알 세례를 받든지 선택하라'는 경고의 의미다.

1982년 선거 운동 중인 파블로 에스코바르. 마약 밀매로 벌어들인 수익을 지역과 선거에 쏟아부은 탓에 당시 메데인에서 에스코바르는 국가와 정부가 해주지 못하는 것을 대신 해주는 의적 로빈 후드나 다름없었다.

던 1982년에는 코카인 밀수를 통해 하루에 50만 달러(한화 5억 여 원)씩 벌어들이기도 했다.

에스코바르는 마약 밀매만으로는 성이 차지 않았는지 고향인 메데인에 병원과 운동장을 짓고 빈민 가족 1000명에게 주택을 무상으로 제공했을 뿐 아니라 《메데인 신문Medellin Civico》에까지 자금을 지원함으로써 마약왕이 아닌 구원자 혹은 영웅으로서의 이미지를 구축해나갔다. 이를 바탕으로 에스코바르는 1982년 자유당 예비 국회의원에 선출되었다.

하지만 마약왕은 마약왕. 1983년 법무장관인 라라 보니아가 에스코바르가 마약 자금이 투입된 부정 선거로 당선되었다고 고발하고, 콜롬비아의 유력 일간지인 《엘 에스펙타도르El Espectador》가 에스코바르를 코카인 밀매자라고 보도하자 에스코바르는 그해 9월 의원직을 상실했다. 의원직을 상실한 에스코바르는 곧바로 법무장관 라라 보니아에게 현상금 50만 달러를 걸었고, 이듬해인 1984년 라라 보니아는 2인조 오토바이 시카리오Sicario[10]에게 살해당했다. 에스코바르의 범죄를 폭로한 일간지의 편집국장은 1986년 피살당했고, 그것으로는 부족했는지 1989년에는 일간지 건물에 폭탄 테러를 자행하기도 했다.

마약왕 본연의 자리로 돌아온 에스코바르의 끔찍한 업적은 이루 말할 수 없을 정도다. 1984년 콜롬비아 정부와 미국 마약단속국이 메데인 카르텔의 근거지를 덮쳐 13톤의 마약을 압수해 단일 마약 압수 세계 신기록을 세웠으나 에스코바르는 눈 하나 깜짝하지 않았다. 13톤을 압수당하고도 그해에만 20억 달러를 벌어들였다. 1989년에는 《포브스》가 선정하는 억만장자 리스트 7위에 오르기도 했다.[11] 콜롬비아 정부의 부채 3540억 달러(약 360조 원)를 갚아주는 대신 사면을 요구하기

10 예루살렘에서 침략자 로마 제국에 맞서 투쟁한 민족주의자를 뜻하는 젤롯Zealot에서 유래한 말로 남미에서는 암살자로 통한다.

11 당시 그의 재산은 약 250억 달러로 추정되었다.

도 했을 정도로 돈만큼이나 배짱도 두둑했다.

에스코바르가 사면에 매달린 이유는 미국으로의 소환을 가장 두려워했기 때문이었다. 1985년 미국의 요청과 콜롬비아 정부의 협조로 마약 밀매상을 중심으로 한 강제송환자 리스트가 작성되었다. 1984년 법무장관 라라 보니아가 암살당하자 전국에 계엄령을 내린 정부가 미국과의 범죄인 인도 협정 실행 선언 후 내린 후속 조치였다. 이에 에스코바르는 보고타에 있는 법무부 청사를 공격해 200명을 인질로 잡는 최악의 인질극을 펼쳤다. 콜롬비아 군대와 경찰이 청사를 탈환하기 위해 26시간을 대치하며 전투를 벌였으나 결국 12명의 판사를 비롯해 95명의 인질이 사망하는 역사상 최악의 참사로 이어지고 말았다. 물론 에스코바르는 강제송환자 명단을 파기하는 데 성공했다.

그뿐이 아니다. 1989년 루이스 카를로스 갈란Luis Carlos Galán 등 대통령 후보 세 명을 암살하고[12] 보고타와 메데인에서 폭탄 테러를 벌여 300명 이상이 사망하기도 했다. 1986년 콜롬비아의 살해 건수는 사상 최대치였는데 메데인에서만 무려 3500명이 살해당했다(하루 평균 10명꼴). 두말할 나위 없이 일

12 후보 한 명을 더 암살하기 위해 100명 넘게 타고 있던 여객기를 폭발시켜 탑승객 전원이 사망하는 최악의 테러를 저질렀으나 그 후보는 타고 있지 않았다.

등공신은 메데인 카르텔의 두목 에스코바르였다.

소설 《백년의 고독》의 저자인 콜롬비아 출신의 노벨문학상 수상자 가브리엘 가르시아 마르케스Gabriel Garcia Marquez는 1990년 콜롬비아에서 벌어진 10명의 저명인사(대통령의 딸 포함) 납치 사건을 바탕으로 한 소설 《납치일기》(1996)를 발표했다. 그는 이 소설을 통해 콜롬비아의 범죄와 권력의 부패가 얼마나 깊은 수렁에 빠져 있는지를 신랄하게 고발했다. 마르케스는 스스로 "49년 작가 활동 중 가장 심혈을 기울인 작품"이라 말했던 이 작품을 통해 많은 이들에게 콜롬비아의 현실을 전했다. 하지만 그는 콜롬비아 마약 카르텔과 정부에 대한 냉철한 비판을 담은 이 책으로 인해 1997년 고향인 콜롬비아를 떠나 망명길에 올라야 했다. 《납치일기》의 소재가 된 납치 사건을 주도한 이 역시 에스코바르였다.

마약왕의 최후

1990년 콜롬비아의 새로운 대통령으로 취임한 세자르 가비리아César Augusto Gaviria Trujillo는 메데인 카르텔과 협상을 시작했다. 코카인으로 대표되는 마약 문제가 아니라 마약 조직이 자행하고 있는 테러와 범죄의 심각성 때문이었다. 가비리아 대통령은 미국과의 범죄인 인도 협정 폐기와 투항 시 감형이라는 떡밥으로 메데인 카르텔을 유혹했다. 결국 1991년 1월 메데인 카르텔의 창립 멤버인 오초아 형제가 자수하고, 같은 해 7월 에스코바르도 자수하게 되었다.

에스코바르는 수감 생활을 시작했지만 불편함은 없었다. 에스코바르가 수감된 감옥은 호화 별장을 방불케 하는 숙소와 다름없었고 운동장과 수영장, 연회장까지 갖춘 그야말로 마약왕을 위한 맞춤형 감옥이었다. 에스코바르가 직접 감옥을 설계할 수 있도록 정부가 승인했기 때문이었다. 이로써 그가 자수한 이유가 명확해졌다. 콜롬비아에서의 수감 생활은 에스코바르에게 일종의 휴가였던 셈이다.

에스코바르는 마약왕답게 감옥 안에서도 자유롭게 메데인을 시찰하며 마약 사업을 관장했고 수감생활이 얼마나 평화로웠는지 1993년에는 두 명의 남자를 고문·살해하기까지 했다. 콜롬비아 정부는 더 이상 방관할 수 없었다. 수감 후에도 에스코바르는 여전히 마약왕이었고, 이를 지켜보던 미국의 압박도 점점 커졌기 때문이었다. 콜롬비아 정부가 에스코바르의 별장이나 다름없던 교도소 대신 다른 곳으로 이감을 추진하자 에스코바르는 함께 수감 중이던 지인들과 함께 유유히 감옥을 빠져나왔다. 이때 간수들은 묵묵히 지켜보기만 했다고 전해진다. 간수들도 에스코바르가 직접 선택할 수 있었기 때문이다.

평화로운 탈옥에 성공한 에스코바르는 메데인에 마련된 아지트에서 은신하기 시작했다. 에스코바르는 메데인이 낳은 영웅 중의 영웅이었기에 주민들의 각별한 보호가 그의 은신 생활을 더욱 평화롭게 도와줬다. 하지만 그 평화는 오래가지 못했다. 미국과 콜롬비아 정부가 현상금 800만 달러를 거는 등 적극적으로 그를 찾기 시작했고, 경쟁 마약 조직의 보복 공격이 거세지기 시작했기 때문이다.

은신 중이던 에스코바르는 가족을 걱정한 나머지 보고타

위치가 파악된 에스코바르가 머리에 두 발, 엉덩이에 한 발을 맞고 사망하자 경찰은 자축의 의미로 에스코바르의 콧수염을 잘랐다. 하지만 자축의 시간은 그리 길지 않았다. 수많은 메데인 사람들이 에스코바르의 장례식에 몰려들자 에스코바르의 시신을 보호하기 위해 출동해야 했기 때문이다. 현재까지도 메데인에는 에스코바르를 성자로 추모하는 이들이 있다.

에 있던 아들과 20초 동안 통화하던 중에 위치가 발각되고 말았다. 자신의 생일 파티를 마친 직후였다. 위치가 파악되자 즉각 미국의 특수부대 델타포스와 콜롬비아 특수부대가 투입됐고, 기관총을 들고 탈출하던 에스코바르는 결국 세 발의 총알을 맞고 사망했다. 1993년 12월 2일, 역사상 가장 악명 높았던 마약왕은 그렇게 최후를 맞이했다.

왕의 시대: 폭력과 불황 그리고 미국

그렇다면 메데인에 거주하며 고작 밀수나 일삼던 어린 에스코바르는 어떻게 불법과 폭력으로 국가 권력과 맞먹는 마약왕이 될 수 있었던 것일까. 그 이유는 피로 얼룩진 콜롬비아의 현대사와 최대 마약 소비국인 미국과의 관계에서 찾아볼 수 있다. 이런 '시대와의 조우'가 있었기에 에스코바르는 젊은 나이에 왕좌에 오를 수 있었던 것이다.

아메리카 대륙을 발견한 크리스토퍼 콜롬버스의 이름에서 국호를 따온 콜롬비아는 1848년에 자유당, 1849년에 보수당이 창당하는 등 아메리카 대륙에서 가장 오래된 정당 정치의 역사를 가지고 있다. 하지만 유구한 양당 역사는 안타깝게도 미국은 1970년대부터 '마약 전쟁War On Drugs'이라는 형태로 마약 단속 정책을 실시해왔으나 큰 효과는 보지 못했다. 그도 그럴 것이 미국의 마약단속국DEA은 마약을 단속하는 것보다도 멕시코와 콜롬비아의 마약 조직을 돕는 일에 힘써왔기 때문이다.

미국이 주도하는 국제적인 마약 단속은 군사 위주였다. 콜롬비아나 멕시코, 아프가니스탄 등에 미군을 파견하여 마약 조직과 연결된 무장 세력과 싸우거나 현지의 군대를 훈련시켜 싸우게 해왔는데, 실제로는 마약 문제를 구실로 미국이 군사적 개입을 할 수 있는 상황이 영구화되도록 마약 조직이 미국(이나 유럽)으로 마약을 팔아 세력을 유지할 수 있도록 했고, 그로 인해 마약 전쟁은 끝나지 않는 구조가 되어버렸다. 미 당국이 테러리스트라고 비난하면서 배후에서는 알카에다를 지원·강화함으로써 영구히 끝나지 않는 '테러 전쟁'을 만든 것과 같은 구조였다.

다나카 사카이(국제정세 전문가, 전 《교도통신》 기자)

폭력의 역사로 전이되었다. 두 정당 사이의 경쟁은 빈번히 유혈 사태로 이어졌고, 천일 전쟁Guerra de los Mil Dias[13]과 폭력 시대La Violencia[14]를 거치면서 각각 10만 명, 30만 명이 희생되는 최

13 1899년 개혁 정책을 두고 벌어진 자유주의자와 보수주의자 간의 내전으로 1902년까지 지속되면서 10만 명 이상이 목숨을 잃었고, 이 과정에서 파나마가 독립해 파나마 운하까지 잃게 되었다.

14 1948년 자유주의 지도자 가이탄이 암살되자 보고타소Bogotazo라 불리는 폭동이 일어났고 보수파가 이를 진압하면서 내전으로 확산되어 1957년까지 30만 명의 희생자를 냈다.

악의 참사를 경험하기도 했다.

하지만 내전은 여기서 끝나지 않았다. 콜롬비아 정부의 후원으로 분쟁 피해를 조사한 '국립 역사적 기억 위원회NCHM'가 2013년 내놓은 보고서에 따르면, 폭력 시대가 끝난 1958년부터 2013년까지 좌익 반군, 우익 민병대 등과의 내전으로 총 22만 명이 숨졌다. 언론은 도시 근교에 매장된 시신의 규모로 따지면 콜롬비아가 세계 최대 규모일 것이라 관측하기도 했다.

콜롬비아는 피로 얼룩진 정치와 오랜 내전으로 불안과 공포가 일상화되어 있었다. 이런 시대에는 폭력이 언제든 수단이 될 수 있다. 에스코바르가 '뇌물을 먹든지 아님 죽든지'라고 외치며 손쉽게 세력을 확장할 수 있었던 이유도 바로 여기에 있다. 폭력이 만연한 시대에 가장 효과적은 수단은 곧 '폭력'이었던 것이다.

계속되는 경제 불황과 그로 인한 지하경제 활성화 역시 에스코바르가 왕위에 오르는 데 한몫했다. 1970년대 석유 파동에 따른 1975년 세계 경제 위기 상황에서 콜롬비아는 커피와 마리화나로 위기를 극복했다. 범죄가 정치·경제와 엮일 수 있는 구조가 자연스레 조성된 것이다. 게다가 콜롬비아를 대표하는 수출품인 커피를 통해 얻은 수익은 '고수익'을 찾아 마약 제조에 흘러들어 가기도 했다. 마약을 통해 얻은 수익의 일부는 마약 조직의 근거지에서 지역 기반 시설 비용으로 쓰이며 지역 경제 활성화에 이바지하기도 했다. 정부를 대신해서 음지의 범죄 조직이 양지의 지역경제를 후원한 꼴이다. 이렇게 당시 콜롬비아는 폭력과 불황의 시대라는, 마약왕 탄생에 최적화된 입지 조건을 갖추고 있었다.

그렇다면 미국은 무엇을 하고 있었는가? 미국 법무부 산하 기관인 마약단속국은 반전 운동과 히피의 등장으로 미국 내 마리화나 소비량이 기하급수적으로 늘어났던 1973년 7월 1일 리처드 닉슨 대통령의 서명으로 설립되었다. 마약 전쟁을 상징하는 기관이 탄생한 것이다.

마약 퇴치 프로그램에 '전쟁'이란 화끈한 수사가 붙게 된 것은 1986년 레이건 행정부 시절이었다.[15] 1980년대 초 콜롬비아를 중심으로 남미-미국으로 이어지는 마약 시장이 거대해지자 본격적인 마약 퇴치 프로그램을 발동한 것이다. 이렇게 시작된 마약 전쟁은 자국의 수요가 아닌 공급의 무력화에 초점을 맞췄다. 말 그대로 일방적인 전쟁이었다. 남미 각국과의 공조는 무시되었고 모든 결정은 워싱턴에서 이뤄졌다. 공급을 차단하기 위한 원조의 대부분은 군사 지원이었다. 하지

15 1986년 4월 '마약 전쟁'이란 용어가 국가안보결정문 221호에 처음으로 등장했다.

만 일방적인 군사 지원으로 군부와 반군 간의 폭력은 더욱 격화되었고, 그로 인해 남미 각국의 공권력은 무기력해졌으며, 수많은 인권 피해 사례가 발생했다. 더불어 코카를 재배하는 농민들의 재활을 위한 원조가 빈약한 탓에 재배지에 대한 제초제 대량 살포에도 불구하고 경작지는 꾸준히 늘어만 갔고[16] 공급지에서 연일 벌어지는 작전으로 수십만 농민이 생업을 잃기도 했다.[17]

미국 입장에서는 군사 지원을 통해 콜롬비아를 중심으로 남미 각국의 군부와 긴밀한 관계를 유지·발전해나가는 것만큼이나 중요했던 것이 바로 마약 전쟁을 빌미로 한 직접적인 군사 개입과 내정 간섭이었다. 쿠바의 공산화가 남미 각국에 떨칠 파급력을 우려했기 때문이었다. 부시 행정부 시절에는 마약 자금 세탁에 관여했다는 이유로 파나마의 노리에가[18]를 무너뜨리기 위해 직접 침공을 감행했고, 콜롬비아 정부의 허가도 없이 콜롬비아 영해에 미국 함대를 보내 항의를 받기도

16 1999년 4만 헥타르의 경작지에 제초제를 살포했으나 이듬해인 2000년에 코카 경작지는 오히려 8만 헥타르로 늘어났다.

17 2001년 기준 34만 7000명.

18 미누엘 노리에가Manuel Antonio Noriega(1938년~): 파나마의 군 출신 정치가로 무소불위의 권력을 행사한 독재자이기도 했다. 미국의 공격을 받고 투항, 파나마 재판소에서 60년형을 선고 받고 복역 중이다.

마약 전쟁이 남미라는 공급자를 향해선 무력을 통해 강력하게 진행되었다면 미국 내에서는 일명 'Just Say No'라는 평화로운 캠페인이 주를 이뤘다. 이 캠페인을 이끈 이는 바로 당시 영부인이었던 낸시 레이건이었고 이를 통해 실제 많은 효과를 거두었다. 미시건 대학의 조사에 따르면 대마초 흡연자는 1978년 50.1퍼센트에서 1987년 36퍼센트까지 떨어졌다.

했다. 이런 점에서 마약 전쟁을 끝나지 않는 테러 전쟁에 비유한 다나카 사카이의 지적은 설득력이 있다.

2012년 돈 윈슬로Don Winslow는 소설 《개의 힘》을 통해 남미 국가들에서의 장악력을 높이기 위해 마약 조직과 손잡은 미국 정부를 비판했다. 2008년 11월 볼리비아의 모랄레스 대통령은 "마약단속국 요원들이 마약 퇴치가 아닌 정부 전복을 위한 보수우파 정치 세력의 음모에 가담해 스파이 활동을 벌이고 있다"며 자국 내 마약단속국 요원들의 활동 금지와 강제 출국을 명령하기도 했고, 2012년 미 법무부는 콜롬비아에 파견된 마약단속국 요원들이 현지 마약 조직으로부터 주기적으로 성 접대를 받아왔다는 감찰 보고서를 제출하기도 했다.[19]

이렇듯 콜롬비아 정부는 폭력 조직이 아닌 국가 자금원으로서의 마약 조직이 필요했고, 미국은 남미를 장악·통제하기 위한 수단으로서 마약 조직이 필요했던 것이다. 이런 조건을 바탕으로 에스코바르는 마약왕이라는 왕좌에 오를 수 있었던 것이다.

《똑똑한 바보들》의 저자 크리스 무니Chris Mooney는 "광기란 같은 일을 반복하면서 결과가 달라지기를 바라는 것"이라 말했다. 에스코바르가 사망한 지 십수 년이 지난 지금 또 다른 마약왕 호아킨 구스만이 탄생한 이유도 어쩌면 같은 일을 반복하고 있는 그 '광기' 때문이라 할 수 있겠다. 마약왕 파블로 에스코바르를 만들어내고 또 제거한 광기의 시대는 호아킨 구스만에 이어 또 다른 마약왕을 왕좌에 올리기 위해 애쓰고 있을지 모를 일이다.

19 대부분의 요원들은 성접대를 정보 수집을 위한 일환으로 인정받아 정직 2~10일, 혹은 무혐의 처분을 받는 데 그쳤다.

비극왕
미시마 유키오

"There are only two tragedies in life:
One is not getting what one wants,
and the other is getting it."

"인생에는 두 가지 비극만이 있을 뿐이다.
하나는 원하는 것을 얻지 못하는 것이고, 다른 하나는
원하는 것을 손에 넣는 것이다."

오스카 와일드 Oscar Wilde

잘 알려지거나 알려지지 않은 혹은 잘못 알려진 죽음

3228만 8369 그리고 10만 2869. 이 두 숫자의 의미를 바로 알아채기란 불가능에 가깝다. 그리고 불과 한 문장을 쓰는 사이 이 숫자는 3228만 8500, 10만 3000으로 바뀌었다. 이 숫자는 세계 인구나 각종 경제·사회 분야의 연간·일간 통계를 실시간으로 보여주는 통계 사이트 Worldometers에서 확인할 수 있는 올해 사망자 수와 오늘의 사망자 수다. 오늘 비디오게임에 지출된 비용이나 오늘 미국에서 비만 관련 질병에 지출된 비용 같은 흥미로운 통계도 제공하지만 이 사이트의 가장 상위에 랭크되어 있는 주요 분야는 인구, 그중에서도 사망자 수다. 지금 이 문단을 마무리하고 있는 순간에도 죽음을 맞이한 이들의 수는 꾸준히 늘고 있다. 그중에는 잘 알려진 죽음도 잘 알려지지 않은 죽음도 있다.

널리 잘 알려진 수많은 죽음들이 있다. 십자가에 못 박힌 예수의 죽음이 그러하고, 공양받은 버섯 요리의 독성으로 인해 세상을 떠난 석가모니 역시 그러하다. "짐은 죽는다. 그러나 국가는 영원하리라"[1]라는 유언을 남기고 당시 76세라는 기록적인 수명을 자랑하며 병사한 태양왕 루이 14세의 죽음도 잘 알려진 죽음이다. 영국의 찰스 왕세자와 이혼 후 파파라치의 추적을 뿌리치고자 속도를 내던 차가 지하도 기둥을 들이받아 안타깝게 사망한 다이애나비의 죽음 역시 많은 이들에게 잘 알려져 있다. 가깝게는 전 세계 주요 50개국의 스마트폰 보급률 70퍼센트 달성[2]에 혁혁한 공을 세운 애플의 스티브 잡스가 있다. 아마도 많은 이들이 스티브 잡스 하면 아이팟과 아이폰 그리고 그를 죽음에 이르게 한 췌장암을 기억할 것이

1 루이 14세가 죽기 전 마지막으로 남긴 말은 흔히 "짐이 곧 국가다"라고 알려져 있으나 이는 18세기 프랑스의 작가이자 대표적 계몽사상가인 볼테르가 프랑스 정부와 관계가 틀어져 프러시아로 갔을 때 쓴《루이 14세의 치세》에 등장하는 말장난 혹은 인용 오류다. 하지만 당시 루이 14세의 절대 왕권을 가장 극명하게 드러내는 말이기도 하다.

2 2016년 5월 30일 한국의 시장조사업체 TNS, KT경제경영연구소 조사 결과.

다. 이렇듯 많은 이들에게 잘 알려진 수많은 죽음이 있지만 올해의 사망자 수, 오늘의 사망자 수에서 알 수 있듯이 잘 알려지지 않은 죽음은 잘 알려진 죽음을 압도한다.

43세라는 미국 역사상 최연소 대통령 기록[3]을 가지고 있는 존 F. 케네디의 죽음은 시대를 넘어 많은 이들에게 잘 알려져 있지만, 댈러스에서 카퍼레이드를 하던 케네디의 암살 용의자로 연행된 리 하비 오스월드Lee Harvey Oswald가 체포 이틀 뒤 댈러스 경찰서 지하실에서 나오던 순간 나이트클럽 운영자 잭 루비Jack Leon Ruby에 의해 사살된 사실을 아는 이는 많지 않다.

2016년 7월 10일 언론을 통해 전 세계에 알려진 시드니 쉔버그Sydney Schanberg의 죽음을 들여다보면 이러한 차이는 더욱 극명해진다. 《뉴욕타임스》 기자였던 시드니 쉔버그는 캄보디아의 무장단체 크메르 루즈의 지도자 폴 포트Pol Pot(본명 Saloth Sar)가 미국이 1975년 베트남에서 철수하자 친미 성향의 론 놀 정권을 몰아내고 '농민들의 천국'을 구현한다는 명분을 내세우며 친미 정권에 협조했다는 이유로 인구의 4분의 1에 해당하는 200만 명을 학살한 참상을 보도해 퓰리처상을 수상했다.

3 1901년 윌리엄 매킨리William McKinley 대통령이 무정부주의자의 총에 맞고 사망하자 대통령직을 승계한 시어도어 루스벨트Theodore Roosevelt를 제외하면 그렇다.

이 참상에 '킬링필드Killing field'라는 이름을 붙인 시드니 쉔버그의 이름과 죽음은 많은 이들에게 알려졌다. 하지만 현지에서 그의 통역 역할을 하며 함께 취재한 디트 프란Dith Pran이 캄보디아를 탈출하지 못하고 고문과 강제 노역에 시달리다 태국으로 탈출해 2008년 암으로 세상을 떠난 사실은 그다지 알려져 있지 않다. 더욱이 킬링필드의 희생자였던 200만 명의 죽음은 200만이라는 숫자로만 기억될 뿐이다.

죽음 자체가 아예 잘못 알려진 경우도 있다. 베트남 사이공에서 총살당한 구엔 반 렘Nguyễn Văn Lém은 잘못 알려진 죽음의 대표적인 예다. 베트남 경찰국장인 구엔 곡 로안Nguyễn Ngọc Loan이 사로잡은 구엔 반 렘을 즉결 처형하는 장면을 당시 AP통신의 에디 애덤스Eddie Adams가 카메라에 담았고, 이 사진이 민간인을 잔인하게 처형하는 장면으로 보도되면서 베트남전 당사국인 미국은 물론 전 세계 반전운동의 불씨를 당겼다. 구엔 반 렘의 죽음과 그 모습이 담긴 사진 한 장으로 구엔 곡 로안은 전쟁이 나은 악마가 되었고, 이를 촬영한 에디 애덤스는 퓰리처상을 비롯해 상이란 상은 죄다 휩쓸었다. 하지만 33년 뒤 에디 애덤스가 밝힌 진실은 무고한 민간인으로 알려진 구엔 반 렘이 민간인을 학살한 베트콩 군인[4]이었다는 것이었다. 에디 애덤스의 사진 한 장 때문에 전쟁으로 인한 '필연적 죽

에디 애덤스에게 상복을, 전 세계에 반전운동의 불씨를 전한 바로 그 사진. 이 사진으로 인해 악마가 되었던 구엔 곡 로안은 미국에 정착해 은둔하며 살다 1998년 암으로 사망했다.

음'은 33년간 '무고한 죽음'으로 잘못 각인되었다.

잘 알려진 죽음만이 많은 이들에게 기억되는 것은 당연한 이치다. 구엔 반 렘의 경우처럼 잘못 알려진 죽음이라 할지라도 알려진 대로 기억될 뿐이다. 이탈리아의 기자 오리아나 팔라치Oriana Fallaci가 구엔 곡 로안을 인터뷰하며 구엔 반 렘이 사

4 구엔 반 렘은 암살조를 이끌었고 언론인과 군인, 지도층 인사는 물론 민간인도 학살했다고 한다. 에디 애덤스는 인터뷰(《동아일보》 1986. 9. 30)에서 구엔 반 렘이 구엔 곡 로안의 부인과 자식도 살해했다고 말했지만 확인된 바는 없다.

복을 입은 군인임을 밝혔어도, 에디 애덤스가 진실을 고백했어도, 귀도 크노프Guido Knopp가 자신의 책 《광기와 우연의 역사》를 통해 이 사실을 밝혔어도 에디 애덤스의 사진은 많은 이들에게 잘못 알려진 '무고한 죽음' 그대로 기억되고 있다. 마치 알렉산더 플레밍Alexander Fleming이 물에 빠진 윈스턴 처칠을 구했고, 훗날 처칠이 자신의 부모를 통해 플레밍의 의대 진학을 후원했으며, 이후 폐렴에 걸린 처칠이 플레밍이 발견한 페니실린으로 회생했다는 일화가 사실은 1950년 미국의 한 어린이 선교 기관이 발행한 책 《친절의 힘》에 실린 '구라'[5]였음에도 많은 이들에게 여전히 가슴 훈훈한 우정으로 기억되고 있는 것처럼 말이다.

알려졌든 그렇지 않든 혹은 잘못 알려졌든 죽음은 그 자체로 비극이다. 인간이 본능적으로 가지고 있는 죽음에 대한 두려움과 공포가 비극의 이유이기도 하다. 더욱이 두려움과 공포를 직접 선택한다는 점에서 자살은 비극 중의 비극이다. 제아무리 인간의 가치를 추구한 몽테뉴가 "본성이 우리에게 준

5 처칠이 폐렴을 앓았을 때의 나이는 스무 살이었다. 처칠이 플레밍보다 일곱 살이 많았으므로 처칠이 폐렴을 앓던 당시 플레밍은 고작 열세 살이었다. 게다가 플레밍이 푸른곰팡이를 발견한 것은 40대 후반의 일이었다. 왜 이런 허구를 만들어냈는지는 책의 제목과 발행 기관에서 유추해볼 수 있다.

가장 훌륭한 선물은 삶으로부터 도망치게 내버려둔다는 점이다"라고 말했어도 말이다.

자살이라는 이름의 비극

자살은 자신의 수명을 스스로 통제한다는 점에서, 더불어 자살을 선택하지 않았을 경우 지속되었을 삶을 그 무엇으로도 확인할 수 없다는 점에서 죽음의 가장 비극적인 형태다. 여기서 중요한 건 삶이 가지고 있는 다양한 가능성이다. 예측 불가능한 변수가 끊임없이 작동하는 삶을 막연한 절망이나 희망으로 예측하는 것만큼이나 허망한 것도 없다. 우리가 흔히 '그놈이 그렇게 될 줄 누가 알았냐?'고 하듯이 말이다.

많은 이들에게 알려진 자살이라는 비극의 주인공들이 있다. 버려진 아들이 길에서 마주친 아버지를 몰라보고 살해하고, 어머니와는 결혼까지 해 살다 결국 그 사실을 알게 된다는 오이디푸스 신화 속 어머니 이오카스테는 자신과 결혼한 이가 오이디푸스, 즉 아들이었다는 사실을 알고는 결국 자살한다.[6] 신화가 아닌 인간 세상으로 내려와 보면, 고대 철학자 아리스토텔레스는 독약을 마시고 자살하여 70세의 일기로 세상을 떠났다. 그는 급변하는 아테네의 정세에 절망했고, '기도와 제사를 무용지물이라고 가르친 혐의' 등으로 사형의 위협에 시달렸다. 결국 그는 아테네를 떠나 에우보이아 섬의 칼키스에서 은거하던 중 자살을 선택했다. 물론 63세에 자연사했다는 설도 있고, 위장병으로 죽었다는 설도 있다. 저 먼 고대 사람이니 그러려니 하자.

가깝게는 제2차 세계 대전의 패세에 절망해 1945년 4월 30일 베를린의 지하 벙커에서 자살했다고 알려진 아돌프 히틀러가 있다. 그는 청산가리 캡슐을 깨물고 권총으로 자신의 머리를 쏴 자살했다고 알려져 있다. 여기에는 히틀러 자신이 죽음을 조작하고 남극, 남미 등으로 도주해 천수를 누렸다거나 히틀러가 사실은 외계인이었다는 음모론도 등장한다. 그가 얼마나 막강한 악당이었는지에 대한 방증일 테다. 같은 해 히틀러의 오른팔이었던 선동왕 요제프 괴벨스Paul Joseph Goebbels는 히틀러 자살 후 나치 총리 자리에 올랐으나 그 역시 가족과 함께 자살했다. 히틀러와 달리 괴벨스의 자살에 음모론은 등장하지 않는다.

6 오스트리아 정신분석학자 지그문트 프로이트는 이 신화를 바탕으로 아들이 본능적으로 아버지를 적대시하고 어머니를 독차지하려는 경향을 오이디푸스 콤플렉스Oedipus Complex라고 하였다.

두 차례의 세계 대전이 휩쓸고 지나간 20세기는 광기와 부국, 패망과 재건이 휘몰아치는 롤러코스터 같은 시대였다. 이 드라마틱한 시대에 독일이 유럽에서 세계 정복을 꿈꿨다면, 아시아에서 세계 정복을 꿈꾼 나라는 일본이었다. 그만큼 일본의 흥망성쇠는 격렬했다. 전쟁과 패망으로 수많은 이들이 목숨을 잃었고, 또 많은 이들이 시대에 절망한 나머지 스스로 목숨을 끊었다.[7] 특히 그 시대를 써내려간 일본을 대표하는 수많은 작가들이 비슷한 시기에 자살을 선택했다. 지독한 신경쇠약에 시달리다 수면제를 먹고 자살한 아쿠타가와 류노스케芥川龍之介, 집에서 목을 매달아 자살한 마키노 신이치牧野信一, 애인과 함께 투신 자살한 다자이 오사무太宰治, 철도에 뛰어들어 자살한 하라 다미키原民樹 등등 셀 수 없을 정도다.

죽음을 선택한 수많은 작가들 중 비극의 왕이라 불릴 만한 작가가 있다. 자살 방식 중에서도 가장 처참하다 할 수 있는 할복을 선택한, 자살로 인해 작가로서의 정체성을 송두리째 잃어버리고 많은 이들에게 그저 엽기적인 '또라이'로만 기억되고 있는 미시마 유키오三島由紀夫(1925~1970)다.

7 OECD 국가 중 자살률 2위를 차지할 만큼 일본의 자살률은 상당히 높은 편이다(2012년 OECD Health Data 기준). 물론 압도적인 자살률 1위 국가는 한국이다.

미시마 유키오

"엄청난 수재였죠. 그 정도의 소설가는 일본뿐 아니라 세계에서도 드물었습니다. 외국에서는 미시마의 다면성을 높게 평가하고 있습니다."

– 콜롬비아 대학 교수 도널드 킨(Donald Keene)

미시마 유키오는 작가다. 그것도 전후 일본을 대표하는 작가 중 한 명이다. 본명인 히라오카 기미타케平岡公威라는 이름으로 열세 살 나이에 첫 작품 《수영》을 발표했고, 미시마 유키오란 필명으로 1941년 9월부터 문예지 《문예문화》에 《꽃이 만발한 숲》을 연재하기 시작했을 때 그의 나이 불과 열여섯 살이었다.[8]

미시마는 일본의 패망 이후 1949년부터 1971년에 이르기까지 《파도소리》(1954), 《금각사》(1956), 《우국》(1961) 등의 완성도 높은 작품을 연이어 발표하며 노벨문학상 후보에 오르기도 했다.[9] 어린 시절부터 작가로서의 가능성을 뽐냈고, 《가

8 《꽃이 만발한 숲》은 1941년 9월부터 12월까지 3개월간 연재되었으며, 1944년 10월 단행본으로 출간되었다.

9 당시 미시마 유키오가 노벨문학상 후보에 올랐다는 소문이 있었지만 확인할

19세의 미시마 유키오와 세 살 어린 여동생 히라오카 미츠코. 여동생은 17세에 장티푸스로 사망했다. (출처: 위키피디아)

면의 고백》(1949)으로 등단할 당시에도 범상치 않은 신인 작가로 주목받았으며, 이후 20여 년간 180편의 소설과 60편의 희곡, 이루 헤아릴 수 없을 정도의 수필과 평론을 발표하며 일본을 대표하는 작가로 자리매김했다. 소설뿐만 아니라 희곡에서도 그 능력을 인정받았고, 작가 외에도 여러 방면에 자신의 이름을 올렸다. 노벨상 후보 데이터베이스에 미시마의 직업이 소설가, 시인, 극작가, 배우, 감독이라 되어 있을 정도로 말

수는 없었다. 노벨상 후보는 50년 동안 비밀에 붙여지기 때문이다. 하지만 50년이 지나 2013~2015년에 공개된 1963~1965년 노벨문학상 후보 명단에는 미시마 유키오의 이름이 올라가 있었다.

이다.

하지만 히라오카 기미타케라는 본명이 미시마 유키오란 필명으로 바뀌었듯 인간 미시마의 존재도 어느 순간 바뀌었다. 이 변화는 아쉽게도 '할복'이라는 처참한 최후는 물론 많은 이들에게 일본을 대표하는 작가가 아닌 20세기를 대표하는 '우익 또라이'로 기억되는 비극을 불러왔다.

병약한 아이

"전쟁이 끝난 다음 해에 만난 미시마 유키오는 마음이 약하고 수염만 시퍼렇게 진한 연약한 청년이었다."

– 후나사카 히로시(舩坂弘)

1925년 11월 14일 미시마 유키오는 아버지 히라오카 아즈사와 어머니 다치바나 시즈에 사이에서 태어났다. 아버지는 도쿄대 법학부를 거쳐 농수산성 사무관이던 엘리트였고, 어머니 역시 유학자 집안 출신이었다. 겉으론 평온해 보이는 중산층 가정의 장남으로 태어난 미시마를 기다린 것은 안타깝게도 행복하고 평온한 유년기가 아닌 오랜 학대였다.

미시마를 향한 학대의 발원지는 남편과 자식에게 만족하지 못한 할머니 나가이 나쓰였다. 미시마는 자가 중독[10] 증세로 인해 어려서부터 병약했다. 할머니는 미시마가 병약하다는 이유와 부모님의 방이 2층이어서 위험하다는 이유로 미시마를 자신의 방에 데려가 돌보기 시작했는데, 이것이 학대의 시작이었다. 미시마의 삶은 어두운 할머니의 방에서 시작될 수밖에 없었다. 할머니도 지병으로 거동이 불편했기에 집 밖을 나가는 일이 거의 없었다. 어머니는 정해진 시간에 수유만 하고 돌아갈 뿐이었다. 어린 미시마는 할머니가 집으로 부른 몇 살 위 여자아이들과 노는 것과 할머니의 취미였던 가부키를 관람하며 일본 전통 무사들의 이야기와 할복을 경험하는 것 말고는 달리 할 게 없었다. 어머니는 미시마를 데리고 나가려 했다가 할머니의 불호령에 포기하기 일쑤였고, 어머니에게 무언가를 부탁한 미시마를 기다리고 있던 것 역시 할머니의 불꽃같은 꾸지람뿐이었다. 다섯 살 때 자가 중독으로 죽을 뻔한 고비를 넘긴 미시마는 병약했고 미시마를 보살핀다는 할머니는 병약한 데다 히스테릭하기까지 했다. 어두컴컴

10 자가 중독autointoxication은 어린아이에게서 흔히 볼 수 있는 중독증으로 구토를 주요 증세로 한다.

한 할머니 방에서의 학대는 그렇게 12년간 지속됐다.

어려서부터 총명했던 미시마는 할머니의 권유로 귀족 학교인 가쿠슈인 초등과에 입학했다. 하지만 귀족 출신이 아닌, 게다가 왜소하고 병약하기까지 한 미시마는 귀족 학교에서 따돌림을 당했다. 다행히 미시마가 열두 살이 되던 해에 이사를 하면서 할머니와 헤어질 수 있었지만 이미 미시마는 병약하고 순종적이며, 감정 표현은 물론 두려움도 모르는 아이가 되어 있었다. 아버지가 '스파르타 교육'을 외치며 어린 미시마를 데리고 달려오는 증기기관차로 다가가도 눈 하나 깜작하지 않을 정도로 말이다.

감정 표현도 반항도 두려움도 없던 미시마는 종종 그림을 그리고 글을 썼다. 그것은 어린 미시마가 스스로 선택해 할 수 있는 유일한 일이었다. 그림은 할머니의 영향 탓에 죽어가는 무사들을 그리곤 했지만, 다행히 글은 어머니가 쥐여준 다양한 고전들의 영향을 받았다. 미시마는 글쓰기에 심취했다. 하지만 그 어머니에 그 아들이라고 미시마의 아버지는 자신이 이루지 못한 대장성 관료의 꿈을 미시마가 이뤄주길 바랐다. 할머니가 그러했듯 아버지 역시 자신의 바람을 미시마를 향한 혹독한 꾸지람과 강요로 해소하려 했고, 그로 인해 미시마의 글쓰기는 아버지라는 벽에 막히곤 했다.

하지만 어려서부터 순종적일 수밖에 없었던 미시마가 유일하게 할머니와 아버지의 강요에도 놓지 않았던 것이 글쓰기였다. 열여섯 살의 미시마는 자신의 본명을 버리고 할머니와 부모에게서 벗어나 미시마 유키오라 필명으로 연재를 시작해 첫 작품 《꽃이 만발한 숲》을 발표하며 작가로서의 경력을 쌓기 시작했다.

연약하지만 출중했던 작가

미시마가 작가로서의 자신을 알리며 《꽃이 만발한 숲》의 연재를 마치던 1941년 12월, 일본은 미국을 향해 개전을 선포했다. 전쟁과 침략을 통해 중국은 물론 동아시아로 세력을 확장해나가던 일본을 미국이 견제하면서 경제 제재와 금수 조치를 취하자 세계 정복을 위해서는 미국과의 결전이 불가피하다는 일본의 패기가 12월 7일 진주만 공습으로 이어졌다. 기습은 성공적이었으나 미국은 추가 제재가 아닌 참전을 선택했다. 이는 미국과 일본의 태평양 전쟁으로 이어졌고, 1945년 미국이 일본을 공습하고 원자폭탄을 투하함으로써 결국 일본은 패망했다. 일본과 일본인들에게는 혼돈 그 자체였던 시기였다.

글을 쓰는 것 외에는 할머니를 비롯해 부모에게 순종적이기만 했던 미시마는 이 혼란의 시기에 할아버지와 아버지의 대를 이어 1944년 도쿄대 법학부에 입학했다. 하지만 대학에 입학한 미시마를 기다리고 있던 것은 낭만이 아닌 일본의 패망이었다. 메이지 유신[11]을 시작으로 근대화와 제국주의를 거쳐 패망에 이르는 격변과 혼란, 절망이라는 쓰리콤보 시대를 살았던 많은 작가들이 스스로 생을 마감하기도 했는데, 신경쇠약과 위경련으로 고생하다 1927년 수면제 복용으로 자살한 아쿠타카와 류노스케가 유서에 남긴 말은 "장래에 대해 막연히 불안하다"는 것이었다. 결국 일본은 아쿠타카와 류노스케의 유언처럼 됐다.

미시마는 1944년 도쿄대 입학 직전에 징집 영장을 받았지만 어려서부터 가지고 있던 병약함과 군의관의 오진으로 군 부적격 판정[12]을 받아 참전 대신 학업과 글쓰기를 병행했다.

11 막부가 무너지고 메이지 정부가 들어서면서 봉건제와 신분제 폐지, 중앙집권체제 수립, 근대 산업 육성 등의 사회 전반적인 개혁이 진행된 시기를 말한다. 대개 그 시작을 메이지 연호가 시작된 1868년으로 본다.

12 미시마 유키오의 군 부적격 판정에 대해 미시마가 징집을 피하기 위해 일부러 결핵이라고 거짓말을 했다는 설도 있다. 확실한 것은 고의든 타의든 미시마는 당시에는 살아남은 것에 안도했으며, 훗날 일본과 천황을 위해 참전하지 못한 것을 후회했다는 것이다.

일본 패망 이후 1947년 아버지의 바람대로 대장성의 관료가 되었지만 이듬해 6월 당시 일본을 대표하는 작가였던 다자이 오사무[13]의 투신 자살 소식을 접하고 미시마는 두 달 뒤 아버지가 그토록 원했던 대장성 관료를 때려치운다. 1948년 스물세 살의 미시마는 글쓰기에 전념하며 드디어 자신의 선택에 의한 삶을 살기 시작한 것이다. 미시마는 기다렸다는 듯이 1949년 《가면의 고백》을 시작으로 《금각사》 《우국》 등의 작품을 통해 일본을 대표하는 작가의 반열에 올라섰다. 자신의 선택과 자신의 삶이 가능해진, 거기에 유명세까지 더해진 미시마는 자신을 바꾸기 시작했다.

첫 시작은 오랫동안 자신을 따라다녔던 '병약'이라는 꼬리표를 떼는 것이었다. 병약이라는 꼬리표 뒤에는 병약한 나머지 전쟁으로부터 도망친 비겁자라는 낙인이 따라다녔다. "건강한 정신을 유지하기 위해 육체가 강건해야 한다"며 미시마는 웨이트 트레이닝에 전념했다. 팔뚝은 물론 허벅지도 부풀어 오르기 시작했다. 당시 이런 그를 두고 '일본에서 규율 바른 작가 중 한 명'이라고 칭하기도 했다. 미시마의 육체가 부

13 미시마 유키오는 《인간실격》의 작가 다자이 오사무를 향해 비난을 일삼았는데 문학평론가나 심리학자들은 그 이유를 '그들이 닮았기 때문'이라 보기도 했다.

풀어 오를 때 탈고한 작품이 바로 《금각사》였으며, 이즈음 《보디빌딩 철학》도 썼다. 문제는 미시마의 말과 달리 건강해진 육체가 건강한 정신을 담보하지는 못했다는 것이다.

우익 고릴라

미시마의 이름을 일본 문학계에 깊이 각인시킨 《가면의 고백》에 등장하는 주인공은 사회적 엘리트이나 내면은 고독과 열등감, 소외감으로 가득 찬 동성애자 청년이다. 그 청년은 곧 미시마이기도 했다. 《가면의 고백》은 유년기부터 누적되어온 자신의 불안과 아픔은 물론이고 자신의 성적 취향[14]까지도 주인공에 투영한 자전적 소설이다. 현실 속 자신을 바꿔나가기 시작하면서 발표한 《금각사》는 내가 아닌 다른 존재가 되기 위해, 진정한 아름다움을 얻기 위해 금각사를 방화한다는 실제 사건을 모티브로 한 소설이다. 미시마는 《금각사》를 통해

14 미시마 유키오의 동성애 취향은 대개 추측이었으나 후쿠시마 지로福島次郎라는 작가가 일본의 문예지 《문학계》에 실은 실명 소설을 통해 미시마와 1951년 1월부터 동성애 관계를 맺었다고 고백하면서 많은 이들이 사실로 받아들였다. 하지만 후쿠시마 지로의 고백은 이미 미시마가 세상을 떠난 2009년의 일이었다.

1955년 서른 살의 미시마 유키오. 미시마는 무엇보다 운동을 통해 병약했던 자신의 육체가 바뀌어가는 경험에 매료되었다. (출처: 위키피디아)

파괴를 통한 재생이라는 '자살'에 대한 동경, 그리고 행위에 대한 믿음을 노골적으로 드러냈다. 육체와 인식의 힘, 그 힘을 기반으로 하는 자기애, 그리고 그것이 행위로 이어질 때 비로소 변화의 아름다움을 파악할 수 있는 존재가 될 수 있다는 생각을 바탕으로 변화한 자신과 앞으로 있을 자신의 행위를 암시했던 셈이다. 병약하고 불안했던 자신과의 작별 선언이었던 것이다.

자신의 육체를 부풀려 나가기 시작하면서 발표한 《금각사》

는 그때까지 미시마의 작품을 회의적으로 바라보았던 비평가들도 인정할 수밖에 없었던 걸작으로 제8회 요미우리 문학상을 수상했다. 평론가들은 "여우에게 홀린 듯한 기분" "이 작품을 통해 비로소 20세기가 시작되었다"와 같은 극찬을 쏟아냈다. 미시마가 스물네 살의 나이에 《금각사》를 발표할 때까지만 해도 그가 어떻게 변할지 아무도 예상하지 못했다. 미시마는 《가면의 고백》을 시작으로 《파도소리》《금각사》를 거치며 자신의 성적 취향을 드러내기고 했고 결혼도 했다. 무엇보다 미시마는 자신의 능력만으로 촉망받는 젊은 작가에서 일본을 대표하는 작가가 되었다.

그러다 《우국》에 이르러 그의 정치적 성향이 위험한 수준의 우익에 근접해 있음을, 즉 모든 면에서 이전의 미시마가 아닌 새로운 미시마가 탄생했음을 확인할 수 있게 되었다. 군 부적격 판정을 받고 안도했던 병약한 청년 미시마는 이렇게 자살을 꿈꾸는 박력 있는 극우 고릴라[15]가 되었다. 이즈음 미시마는 보디빌딩과 복싱에 더해 검도를 시작[16]하며 칼을 잡기

15 극우 성향을 드러내기 시작한 미시마 유키오와 격렬한 토론을 벌이기도 했던 도쿄대 전공투(전국학생공동투쟁회의) 회원들은 미시마를 '근대 고릴라'라고 불렀다.

16 미시마 유키오는 1958년 11월부터 본격적으로 검도를 시작했다고 한다.

시작했다.

1961년 발표한 《우국》은 미시마가 "무의식과 의식 사이를 왕래하며 30년간 나와 함께 있었다"[17]고 말한 2·26 사건을 배경으로 한다. 미시마가 열한 살이던 1936년에 일어난 2·26 사건은 천황의 권력 회복, 국가 개조, 군사 정부 수립 등을 요구하며 1500여 명의 육군 황도파 장교들이 일으킨 쿠데타였다. 하지만 1500여 명의 군인은 순식간에 2만 4000여 명의 군대에 포위당했고 결국 쿠데타는 실패했다. 그 결과 장교 한 명(나카야마 대위)이 자결하고 15명이 교수형에 처해졌다.

이 사건을 바탕으로 한 《우국》은 쿠데타에 참여한 동료를 죽일 수밖에 없는 상황에 처한 타케야마 신지 중위가 결국 자살(할복)을 통해 천황에 대한 충성심을 증명하고, 이를 우러러보는 아내 레이코 역시 남편을 따라 자살한다는 내용을 담고 있다. 미시마는 이 작품을 통해 군국주의에 대한 열망, 할복에 대한 동경 등을 모두 보여주었다. 《우국》은 그저 자신과는 무관한, 철저한 창작의 결과물이 아니었다. 《우국》을 발표하고 4년 뒤에 미시마가 직접 《우국》을 각색해 감독은 물론 주연까

17 1966년 발표한 《영령의 목소리》를 통해 밝힌 이야기로, 이 작품은 2·26 사건과 특공대원의 영혼의 저주를 그렸다.

지 맡으며 영화화했기 때문이다. 자신과 주인공 타케야마 신지를 합체시킨 것이다. 미시마가 《우국》을 통해 표현한 할복은 이렇다.

"벌거벗은 칼 끝 네다섯 치가 그의 살 속으로 완전히 사라졌다. 의식이 돌아왔다. 틀림없이 칼날이 그의 위벽을 뚫었다고 그는 생각했다. 숨쉬기가 어렵고, 가슴이 쿵쿵거렸으며, 자기 자신의 일부라고 믿기 어려운 깊은 곳에서, 무섭게도 격심한 고통이 마치 갈라진 땅에서 부글부글 끓는 용암이 흘러나오듯 솟아올라왔다. 그래, 이게 할복이었구나."

미시마는 《우국》의 영화화 이후 1966년부터 자위대 체험은 물론 사설 민병대까지 조직하며 군국주의에 대한 열망을 대놓고 드러내기 시작했다. 이어 또다시 청년의 할복을 다룬 《번마》를 《신초新潮》에 연재하기도 했다. 오죽하면 미시마를 담당하던 편집자가 미시마가 작중 인물에 몰입하는 경향이 우려되어 비평가 고바야시 히데오小林秀雄를 통해 자위대 체험 등을 중지하도록 설득하려고까지 했다. 하지만 30년 전 할머니가 열두 살의 미시마 곁을 떠났을 때 이미 미시마는 병약하고 순종적이며 두려움이 없는, 즉 자기 자신을 잃은 아이가 되어 있었듯이 편집자의 걱정과는 무관하게 미시마는 이미 천황의 부활과 자살을 꿈꾸는 작가가 되어 있었다. 그리고 그것이 비극으로 종결되는 데는 그리 오랜 시간이 걸리지 않았다.

좌절, 신념 그리고 비극

미국 내 일본 문학 연구의 본좌인 도널드 킨에 따르면 미시마가 정치적 관심을 갖기 시작한 것은 1960년 '안보 투쟁'을 접하면서부터다. 안보 투쟁은 일본의 자민당이 미국과 1951년 맺은 안정 보장 조약의 개정을 추진하자 조약의 개정으로 인해 일본이 냉전에 개입하게 되는 것,[18] 그로 인한 핵무장 등을 반대하며 벌어진 전후 최대 규모의 반전 운동이었다. 미시마는 전후 혼돈을 전쟁 이전 일본으로의 회기를 통해 극복해야 한다고 생각했다. 패전 후 신에서 인간으로 내려온 천황[19]의 부활을 주장했고, 자신이 몸을 키운 것처럼 일본도 다시 무장

18 정확하게는 냉전이라는 이름 아래 진행될 미국의 전쟁에 일본이 개입하는 것을 말한다.

19 1945년 8월 15일 항복을 선언한 천황은 1946년 1월 1일 천황이 더 이상 신성불가침의 존재가 아닌 인간임을 선언했다. 이를 '인간 선언'이라고 한다.

해야 한다고 요구했다. 그리고 이러한 생각이 《우국》으로 이어진 것이다.

《우국》 이후 미시마는 자신의 생각을 실천으로 옮기기 시작했다. 자신의 육체를 키우는 것을 게을리하지 않았으며 육체에 대한 자신감은 자신의 신념을 더욱 뿌리 깊게 박히게 했다. 자위대 체험은 조국방위대라는 이름의 민병대 조직으로 이어졌고, 전공투 도쿄대 지부[20]의 토론 집회에 홀연히 난입해 1 대 300의 맞장 토론을 벌이는가 하면 자주방어, 일본의 재무장 등의 신념을 정리한 《문화방위론》(1965)을 선보이기도 했다. 이 모든 것은 그가 작가로서 이룬 업적과 명성 덕에 가능했다. 미시마는 자위대 체험을 함께한 민병대 회원들과 방패회(1968)를 결성했고, 이즈음부터 일본도를 차고 다니기 시작했다.

실제로 미시마에게 세키노 마고로쿠関の孫六[21]라는 일본도를 선물한 다이세이토우大盛堂 서점 회장 후나사카 히로시는 1969년 한 백화점에서 열린 미시마의 전시회에 미시마가 그 칼을 차

20 전국학생공동투쟁회의는 1960년대 반정부 투쟁 시기를 기점으로 여러 대학이 모여 조직한 학생 운동 조직으로 미시마 유키오의 모교인 도쿄대 전공투가 가장 유명했다.

21 마고로쿠는 무로마치 시대부터 활약한 가네모토 도공 일파를 말하며 그중 가장 유명한 것이 바로 2대 가네모토인 세키노 마고로쿠다.

고 나온 것을 보고는 이상하게 느꼈다고 한다. 후나사카 히로시는 인품[22]과 극강의 전투력을 갖춘 전설적인 일본 육군이었으며, 전쟁 후 서점을 경영하며 다니던 검도 도장에서 미시마 유키오를 만나 일본도를 선물했다. 그 검은 결국 미시마가 할복하는 데 쓰였고 다시 후나사카 히로시에게 돌아왔는데, 그는 검을 돌려받으며 "한심한 작자 같으니라고. 차라리 이 칼로 야쿠자나 베지 뭐하러 자살을 하나?"라고 말했다고 한다.

1970년 11월 24일 방패회 회원들과 마지막 모임을 가진 미시마는 그날 저녁부터 그의 유작인《풍요의 바다》원고를 쓰기 시작해 다음 날 새벽에 "완完"이라 써넣은 뒤 "옹색한 인간의 삶을 벗어나 난 영원의 길을 선택한다"는 글귀를 남겼다. 그리고 그로부터 몇 시간이 지난 11월 25일 방패회 회원 네 명과 함께 도쿄 이치카야 소재의 자위대 총감부로 향했다. 방패회 제복을 입고, 일장기와 칠생보국七生報國[23]이 새겨진 머리띠를 두른 미시마는 자위대 간부를 인질로 잡은 뒤 인질 석방을 조건으로 자위대 병사들을 건물 앞으로 불러 모았다. 병사

22 후나사카 히로시는 태평양 전쟁 당시 자행됐던 위안부 문제를 자서전을 통해 제기했으며 자신이 쓴 책들의 인세로 위령비를 건립하고 국제적십자사를 후원하기도 했다.

23 일곱 번 죽어 나라에 보은한다는 뜻.

1970년 11월 25일, 자위대 총감부 총감실 발코니에서 연설하고 있는 미시마 유키오. 이때까지만 해도 45세의 미시마가 어떤 선택을 할지 아무도 몰랐다. (출처: 위키피디아)

들이 모이자 미시마는 발코니에 서서 연설을 시작했다.

"그대들은 무사가 아닌가? 그대들은 나와 궐기하지 않을 것인가? 나와 궐기할 무사들이 없단 말인가! 나는 자위대에 실망했다. 너희들은 무사라는 말을 하지 마라. 나는 너희들에게 실망했다. 나는 천황 폐하 만세를 부른다. 천황 만세! 천황 만세! 천황 만세!"

미시마의 연설은 자위대 병사들의 각성이 아니라 조롱과 야유만 불러일으켰다. 미시마는 병사들의 비웃음을 뒤로하고 건물로 들어가 상의를 벗고 발코니를 바라보며 정좌하고 앉았다. 피로 '무武'를 적어야 했으나 그러진 못했다. 스스로 옆구리를 찌른 미시마는 고통스러워했다. 할복의 전통에 따라 가이샤쿠닌介錯人[24] 역할을 맡은 모리타 마사카츠가 미시마의 목을 쳤으나 실패했고, 검을 이어받은 고가 히로야쓰에 의해 미시마의 목이 떨어져 나갔다. 모리타는 미시마의 뒤를 이어 할복했고, 나머지 방패회 세 명은 연행됐다. 이 사건은 일본 국내는 물론 전 세계에 타전되어 많은 이들을 경악케 했고, 미시마를 일본을 대표하는 작가가 아닌 미친 우익 작가로 알려지게 했다. 문학평론가 사에키 쇼이치는 그의 죽음을 두고 이렇게 말했다.

"《풍요의 바다》를 전부 읽어보면 미시마의 행동을 전부 예견하고 있다는 걸 알 수 있어요. 자신이 만들어놓은 세계

24 할복을 돕는 가이샤쿠닌은 당사자가 할복을 하면 등 뒤에서 목을 치는 역할을 한다. 한 번에 목이 떨어져나가는 것을 할복자에 대한 최고 예우로 해석하며, 한 번에 잘려진 목은 어린아이의 머리를 안을 때의 형상을 뜻하는 다키구비抱き首라 한다.

에 홀린 것이라고나 할까요. 작품과 동반 자살한 느낌이 들었습니다."

소설 《설국》(1948)으로 1968년 노벨문학상을 수상한 일본 최고의 작가 중 한 명이자 미시마를 등단시킨 스승이기도 했던 가와바타 야스나리川端康成는 노벨상 수상 후 NHK가 마련한 대담회에서 제자 미시마가 "나도 노벨상을 받고 싶은데 어떻게 해야 하나?"라고 묻자 "어깨에 힘을 빼고 좀 더 게으름을 피워라"라고 대답했다. 하지만 스승에게 전해진 소식은 게으름이 아닌 자살이었다. 가와바타 야스나리는 미시마의 죽음을 전해 듣고 현장을 찾았으나 할복을 감행한 총감실에 차마 들어가지 못했고, 2년 뒤 그 역시 자살로 삶을 마감했다. 유서는 없었다. 하지만 많은 사람들이 미시마의 죽음으로 인해 받은 충격 때문이라고 생각한다.[25]

도널드 킨은 1994년 자서전 《친숙한 조건On Familiar Terms》을 통해 노벨상을 문학적 목표로 삼은 미시마가 가와바타 야스나리의 수상으로 인해 심한 좌절에 빠졌고, 자살의 배후에는

25 가와바타 야스나리의 전기를 집필한 다케오 오쿠오에 따르면, 가와바타 야스나리는 미시마 유키오의 죽음 뒤 200~300일간 미시마의 악몽에 시달렸다고 한다.

정치적 동기보다 이러한 개인적 좌절감이 작용했다고 말했다. 미시마가 자살한 진짜 이유가 개인적 좌절 때문이었는지, 허무한 시대에 종지부를 찍고 자살을 통해 신념의 영원함을 얻고 싶어서였는지는 알 도리가 없다. 다만 확실한 것은 군 부적격 판정에 안도했던 병약한 청년이 건장한 중년이 되어 천황 만세를 외친 뒤 평소 "45세에 죽겠다"고 입버릇처럼 말했던 대로 45세에 스스로 삶을 마감했다는 것이다.

미시마의 장례식은 1971년 1월 26일 치러졌다. 많은 지인들이 여론을 의식해 장례식에 참석하지 않았다. 도널드 킨 역시 마찬가지였다. 장례식을 지켜보지 못하고 4년 뒤 출소한 세 명의 방패회 회원은 해마다 미시마와 모리타의 위령제를 지내고 있다.

왕의 시대: 일본제국의 시작 '메이지'

일본의 근대는 에도 시대가 끝나고 메이지 유신이 시작된 1868년부터 불을 뿜기 시작했다. 동양의 한 나라가 아닌 동양에 위치한 서양이 되고 싶었던 일본의 근대화 과정은 매우 빨랐다. 덕분에 서양의 근대화가 몰고 온 제국주의마저 닮아버렸다. 아시아의 여러 나라가 유럽의 식민지가 되어가는 것을 위기로 인식했고, 이렇게 앉아서 서양의 식민지가 될 바에는 침략을 당하는 나라가 아닌 침략의 주체가 되고자 했다. 메이지 정부가 수립된 1868년 1월 3일부터 패망 후 일본제국의 사실상 몰락을 의미하는 새로운 헌법이 시행된 1947년 5월 3일까지 일본은 강력한 천황을 중심으로 서양의 문물을 아시아 그 어느 나라보다 빠르게 흡수해 부국강병을 실현했고, 서양의 근대 국가가 그러했듯 제국주의의 길을 걸었다. 이 시대를 '일본제국 시대'라 부른다.

메이지 유신으로부터 시작된 초기 일본제국 시대는 빠르고 성공적이었다. 물론 에도 막부의 잔재였던 신분제의 철폐를 반대하는 세이난西南 전쟁[26] 같은 반란도 있었지만 빠르게 서양 문물을 받아들였고 체계적으로 교육을 정비했다. 교육은 제국주의를 실현하는 데 무엇보다 중요했다. 교육은 천황을 향한 충성심을 고취시키는 내용과 백성이 똑똑하고 충성심이 높아야 전시에 살아남을 수 있다는 논리로 진행되었다. 당연히 유럽의 주권, 혁명 등의 내용은 모두 빠졌다. 1만 엔짜

26 신분제 폐지로 무사들의 특권이 사라지게 되자 1877년 사쓰마 번 무사들이 일으킨 반란.

리 화폐의 주인공이기도 한 후쿠자와 유치키福澤諭吉는 메이지 시대 초기에 쓴, "하늘은 사람 위에 사람을 만들지 않았고, 사람 밑에 사람을 만들지 않았다"라는 문장으로도 유명한《학문의 권장》을 통해 성공하고 싶으면 공부하라고, 다시 말해 공부하면 성공할 수 있다고 주장했다. 물론 당시 성공은 곧 부국을 의미했다.

부국강병과 제국주의의 야욕을 동반한 일본의 불과 같은 변화는 1895년 메이지 최초의 대외 전쟁인 청일 전쟁을 승리로 이끌면서 확인되기 시작했다. 덕분에 '타이완 영유'라는 그럴싸한 전리품까지 얻어냈다. 메이지 유신으로부터 시작된 격변의 소용돌이는 그럴싸해 보였다. 하지만 격변이 혼돈과 절망으로 바뀌기까지는 그리 오랜 시간이 필요하지 않았다. 1901년 혼란을 대표하는 천황이자 쇼와 시대의 주인공인 히로히토(쇼와昭和)가 태어난 것이다.

왕의 시대: 재앙이라 이름 붙은 쇼와 시대

히로히토는 1901년 4월 29일, 메이지 혹은 일본제국이라 이름 붙은 시대를 열어젖힌 메이지 천황의 장손으로 태어났다.

1905년 러일 전쟁에서 승리하고, 1910년 한국을 병합하는 등 성공적인 제국의 모습을 선보인 할아버지 메이지 천황이 사망하고 아버지인 요시히토 황태자가 다이쇼大正 천황으로 즉위하자 자연스레 히로히토는 아버지의 자리를 물려받아 황태자의 자리에 올랐다. 1924년 구니노미야 나가코와 결혼하고, 1926년 12월 25일 다이쇼 천황이 사망하자 124대 천황에 즉위, 1925년 태어난 미시마 유키오가 한 살이 되던 그해 쇼와 시대를 열었다.

조선의 식민 통치와 중국을 향한 연이은 침략을 진행하던 1929년, 세계 대공황의 여파가 일본에도 상륙했다. 메이지 유신 이후 근대화를 성공리에 밀어붙였던 일본제국은 대공황의 여파 역시 침략으로 극복하려 했다. 1931년 만주 사변을 통해 중국 동북부를 사실상 지배하게 된 것처럼 말이다. 이듬해인 1932년 조선의 이봉창은 쇼와 천황을 암살하기 위해 폭탄을 투척했으나 하나는 불발, 하나는 잘못 폭파되어 인근의 말과 마부에게만 부상을 입혔다.

쇼와 천황은 즉위 이후 패망과 인간 선언을 하기까지 군사나 외교 등 국가 중대사에 깊이 관여했다. 1945년 2월 전 수상 고노에 후미마로近衛文麿가 태평양 전쟁의 패색이 짙자 항복 교섭을 요구했으나 이를 거부한 이가 바로 쇼와 천황이었다. 그 이후의 상황은 우리가 알고 있는 그대로다. 연합군은 쇼와 천황이 항복 교섭을 거부한 그해 3월 도쿄를 공습했고, 4월에는 오키나와를 쑥대밭으로 만들었으며, 8월에는 히로시마와 나가사키에 원자폭탄을 투하했다.

쇼와 천황이 이봉창의 폭탄에 맞아 사망했더라면, 일본의 제국주의 침략으로 고통받은 아시아 주변국과 전쟁 전후로 사망한 310만 명의 일본인은 물론 전쟁의 처참함을 경험한 미시마 유키오를 비롯한 모든 일본인들이 어쩌면 다른 시간을 보냈을지도 모를 일이다. 물론 당시 일본을 장악한 군부도 전쟁에 미쳐 있긴 마찬가지였으니 어디까지나 '어쩌면'이라는 가정일 뿐이다.

1926년 쇼와 시대를 연 일본은 곧이어 닥친 세계 대공황의 여파를 식민지 확장으로 돌파하고자 했다. 일본의 여론도 그러했다. 1931년의 만주 사변이 그 결과였다. 만주 사변 이후 일본의 침략이 가속화되는 데 결정적인 역할을 한 사건이 바로 《우국》의 배경이기도 했던 1936년의 2·26 사건이었다. 일본 육군 청년 장교들의 파벌 중 하나였던 황도파는 무능하고 탐욕스런 일본의 중신들이 천황을 등에 업고 일본을 파멸의 길로 이끈다고 생각했다. 이들은 쿠데타를 통해 정당과 의회를 무력화시키고 일본을 천황 친정 국가로 개조하고자 했다.

황도파와는 달리 정치와 군을 분리하자는 통제파는 방식의 차이는 있었으나 이 두 파 모두 군부가 일본을 이끌어야 한다는 전제에는 차이가 없었다. 그럼에도 불구하고 파벌이란 것이 모두 그러하듯 주도권을 놓고 서로를 견제하며 종종 충돌했다. 결국 그놈이 그놈이라는 얘기.

황도파는 천황 주변의 관료, 의회와 재계 인물들로 구성된 일명 '간신 데스노트'를 준비하고 2·26 쿠데타를 결행했으나 실패로 돌아가고 말았다. 천황이 내린 '원대 복귀' 명령이 결정적이었다. 쇼와 천황은 즉위하기 전 영국 런던 방문을 통해 얻은 입헌 정치에 대한 신념을 가지고 있었다. 당연히 의회를 무력화시켜 자유민주주의에 도전하는 황도파가 눈에 거슬렸다. 게다가 황도파가 지목한 간신 중 한 명이었던 스즈키 간타로鈴木貫太郎[27]가 황도파의 총격을 받았다는 소식을 전해 듣고는 분노를 담아 원대 복귀와 진압 명령을 내린 것이다.

결국 쿠데타는 실패했고, 쿠데타 진압에 나선 통제파를 중심으로 한 군부와 쇼와 시대 최강 군부 또라이였던 도조 히데키東條英機[28] 등의 영향력이 막강해지는 결과를 초래했다. 이후

27 쇼와 천황의 유모 스즈키 다카의 남편이기도 했다.

28 일본제국 시대 군인이자 총리까지 지낸 정치가이자 중일 전쟁을 확대하고 태평양 전쟁을 일으킨 A급 전범. 일본의 패망 후 권총 자살을 시도했으나 실

1945년 9월 27일 도쿄 미국 대사관에서 만난 더글러스 맥아더와 쇼와 천황. 일본이 이 사진을 역사적 굴욕이라 생각하는 이유는 이 둘의 표정과 차림, 그리고 포즈에서 알 수 있다.

일본은 브레이크 없이 제국주의의 정점을 향해 폭주하여 침략을 아시아 전역으로 확대했고, 결정적으로 진주만을 기습해 미국을 상대로 맞장을 뜨기에 이르렀다. 1930년 후반부터 진행된 일본의 폭주는 다른 나라는 물론 일본인들도 이해할 수 없었다.

1930년 후반부터 무한 확전을 선보인 일본을 기다리고 있던 것은 다름 아닌 패망이었다. 미시마 유키오가 징집 명령을

패하고 극동국제군사재판에 회부되어 교수형으로 삶을 마감했다.

받은 1944년 일본 정부는 이미 전쟁에 승산이 없음을 알고 항복 조건을 타진하고 있었다. 그런 와중에도 기본적인 보급도 원활하지 않은 전쟁터에 젊은이들을 몰아넣으며 '전진'만을 강요하고 있었다. 뒤로는 천황제를 지키고 전범 재판을 자국에서 진행하는 것 등의 항복 협상 카드를 매만지면서 말이다. 일본 정부가 천황과 전범을 지키기 위해 미국을 상대로 한 국지전을 멈추지 않는 동안 연합군의 일본 공습이 시작됐고, 그 결과 대략 일본 전체 인구의 4퍼센트인 310만 명이 목숨을 잃었다.

왕의 시대: 패망 이후의 쇼와 시대

"짐과 국민 여러분 사이의 유대는 시종일관 상호 신뢰와 경애로 맺어진 것으로, 천황을 마치 '현존하는 신'으로 간주하고 일본 국민을 다른 민족보다 우세한 민족으로 여김으로서 결국 세계를 지배할 수밖에 없는 운명을 가지고 있다는 허망한 관념에 근거한 것 또한 아니다."

– 1946년 1월 1일 쇼와 천황의 '인간 선언' 중

항복을 선언한 일본은 더 이상 제국이 아니라 연합군 점령지의 일부가 되었다. 1945년 8월 항복 선언 이후 일본은 연합군 최고 사령부SCAP, Supreme Commander of the Allied Powers[29]의 신탁통치를 받았다. 말 그대로 일본 천황과 정부가 연합군 최고 사령관 더글러스 맥아더Douglas MacArthur[30]에게 종속된 것이다. 패망 이후 일본 의회에서 토지 개혁과 재벌 해체 법률안을 폐기시키자 이에 연합군 최고 사령부는 당장 법안을 성립시키라 명령했고, 이를 전달받은 국회의원들이 즉각 국회의사당에 모여 시계를 돌려 '연말이 아직 끝난 게 아니다'라며 다시 법안을 가결시키는 우스운 꼴을 다 보였을 만큼 연합군 최고 사령부의 권한은 막강했다. 1946년 1월 1일, 인간 선언을 통해 천황이 신의 영역에서 인간의 영역으로 내려오자 공백이 된 신의 영역에 연합군 최고 사령부가 자리를 잡은 것이다. 최고 사령관은 맥아더였고, 맥아더는 곧 미국이었다.

29 1945년 10월 2일부터 샌프란시스코 강화 조약이 발효된 1952년 4월 28일까지 일본에 주둔한 연합군 사령부. 일본에서는 GHQGenenal Headquarters로 통용되기도 한다.

30 태평양 전쟁 시 미군의 최고 사령관으로, 일본을 항복시키고 한국 전쟁 당시 인천 상륙 작전을 지휘했다. 군사적 성공에도 불구하고 대통령의 의견도 무시하는 독선적인 성격 탓에 늘 찬사와 비난이 동시에 쏟아졌고, 결국 중공군과의 전면전을 앞두고 트루먼 대통령과의 갈등으로 해임되었다.

일본을 점령한 미국은 1898년(메이지 22년)에 발표된 대일본제국의 헌법부터 뜯어고치기로 했다. 핵심은 바로 비무장과 민주화, 두 가지였다. 비무장이 미국을 건드린 전범국 일본에 대한 조치였다면, 민주화는 독재나 공산 세력을 막기 위한 견제의 수단이었다. 이렇게 등장한 것이 바로 비무장을 선언한 9조로 유명한 새로운 헌법이다. 비무장 채택에 대해 미국의 강요였다는 주장과 일본의 선택이었다는 주장이 엇갈리고 있긴 하지만 서로의 필요에 의해 서로가 선택한 결과로 볼 수 있다.

당시 일본에서는 전쟁을 주도했던 보수당이 망한 대신[31] 공산당이 부활했고 사회당이 급부상하고 있었다. 미국의 선택은 단연 보수당이었다. 보수당이 정권을 잡게 하고, 헌법을 개정해 비무장과 민주화를 진행시켜 국가로서의 일본을 포섭하고 일본 내 사회주의 세력까지 견제하자는 계산이었다. 보수당을 설득할 카드는 특A급 전범이나 다름없는 천황이란 존재를 인정하는 것이었다. 신이 아닌 인간, 이름뿐인 천황으로서 말이다. 보수당은 이 카드를 받았고, 새로운 헌법은 무리 없이 통과됐다. 그 결과 1946년 5월부터 진행된 극동국제군사재판에서 A급 전범 7명에게 사형이 선도됐고, 16명이 종신형에 처

31 대의원의 3분의 2 이상이 공직에서 추방됐다.

해졌다. 사형에 처해진 A급 전범 중에는 도조 히데키도 있었지만, 천황은 해당 사항이 없었다.

패망 직후 신탁통치 과정에서 일본은 미국에 의한, 미국을 위한, 미국의 일본이 되었지만 1950년 전후로 미·소 냉전이 급속히 진행되면서 일본은 패망의 그늘을 빠른 속도로 걷어내기 시작했다. 한국 전쟁처럼 냉전이 만들어낸 전쟁에서 일본은 미국의 후방 기지 역할을 수행하며 부흥기를 맞이했다. 미국은 일본이 아시아 패권을 차지하기 위한 전략적 요충지임을 누구보다 잘 알고 있었다. 이를 위해 1951년 9월 미국은 일본을 동맹국으로 인정하는 샌프란시스코 강화 조약과 일본이 무력 공격을 받았을 때 양국이 공동 대처하며 미군의 일본 주둔을 인정한다는 내용의 미일 상호 안보 조약을 맺었다. 게다가 이듬해인 1952년 당시 일본 수상 요시다 시게루吉田茂는 유사시 일본군이 미군 지휘하에 들어가도록 한다는 밀약까지 선물했다. 이로써 미국은 일본에 얼마든지 군대를 주둔시킬 수 있게 됐고, 일본을 독립시키는 대신 오키나와를 꿀꺽했으며(1972년까지) 여차하면 일본군도 지휘할 수 있게 됐다. 걸림돌은 미국이 제안하고 일본이 받은, 비무장을 명시한 새로운 헌법 9조였다. 미국의 꼼수는 '말장난'이었다. 미국은 이미 1950년 7월 맥아더의 명령으로 '경찰예비대'[32]라는 이름의 사실상 군조직을 창설해 운용하고 있었다. 헌법 9조에 따라 군대를 만들 수 없었기에 이름으로 말장난을 친 것이다. 덤으로 전쟁의 책임을 물어 추방되었던 군인들도 복귀했다.

전쟁과 침략의 책임을 지고 전쟁과 전력을 포기한다는 헌법 9조에 일본 여론은 대체로 우호적이었다. 언론은 물론 교육을 통해 비무장을 새로운 일본의 가치로 인식시켰기 때문이기도 했다. 일본은 1950년 전후로 미국의 후방 기지 역할을 하며 부흥의 단초를 마련했고 1950년대 중반을 거치면서 고도의 경제 성장을 맛보았다. 미시마 유키오의 눈에 비친 전후 일본은 천황이 인간이 되고, 나라는 미국에 종속되었음에도 경제 성장이란 단물에 빠져 허우적거리는 혼란 그 자체였다. 그리고 1960년 전후로 일기 시작한 안보 투쟁은 그에게 혼란 이상의 충격을 선사했다. 패망으로 인해 일본이 미국의 도구로 전락할 것이라는 생각, 자신의 삶을 위해 징집을 거부했던 경험, 전쟁 이전 성공했더라면 일본의 역사가 바뀌었을지도 모를 2·26 사건에 대한 기억들이 중첩된 충격이었다.

복합적인 충격 끝에 미시마 유키오가 내린 결론은 전쟁 이전의 일본, 즉 전통적인 질서와 가치를 회복하는 것이었다. 미

32 미군을 도와주는 목적의 경찰예비대는 훗날 보안대로 이름을 바꿨고 1954년 자위대가 되었다.

시마 유키오는 전후 고도성장기의 일본을 기존의 질서와 전통을 거부한 허무주의로 규정했다. 하지만 가장 허무했던 이는 그 시대에 편승하지 못했던 미시마 유키오 자신이었을지도 모른다. 메이지 유신 이후 일본은 침략과 전쟁을 통해 전 세계에 일본이라는 이름을 각인시켰고, 패망 이후에는 냉전 덕에 빠른 복구와 성장을 이룰 수 있었다. 미시마 유키오는 그 혼란의 한복판에 서 있었고, 그 스스로 그 혼란의 책임을 물어 목숨을 끊었다.

쇼와 천황은 패망 후 자신이 신이 아닌 인간임을 선언했고, 전범재판에 회부되지 않았으며, 항복 직후 맥아더와의 기자회견에서는 "태평양 전쟁을 피하고 싶었다"고 했다. 모든 것은 의회의 결정이었다고 말이다. 그렇게 쇼와 천황은 1989년 1월 7일까지 살아남았다. 의회에서 예산을 받아쓰며 큰 불편 없이 말이다. 일본 극우 정치사에 한 획을 그은 미시마 유키오보다 일곱 살 어린, 대학은 다르지만 역시 법학부 출신이며, 정치인 이전에 작가였다는 공통점을 가지고 있는 이시하라 신타로 石原愼太郎도 자민당 의원으로[33] 핵무장 등의 망언들을 쏟아내며 여전히 삶을 즐기고 있다. 일본의 패망 직전 반전 운동으로

33 미시마 유키오도 자민당 입당을 권유받았으나 끝내 입당하지 않았다.

투옥된 경험이 있었던 요시다 시게루 전 총리도 마찬가지다. 그는 전후 일본의 부흥을 이끌며 전후 최고의 재상으로, 일본 우익의 본류를 만들어낸 이로 칭송받지만 "조선총독부가 얼마나 선정을 베풀었는가? 한국의 반일 감정을 이해하지 못하겠다"는 등의 반성 없는 망언뿐 아니라 미군 부대 앞에 위안소를 차려주고는 "일본은 미군에게 봉사하며 그 돈으로 일본 부흥에 기여한 일본 여성에게 감사해야 한다"는 정체불명의 망언을 히트시키며 아주 오랫동안 잘살았다. 한때 반전 운동

1956년 미시마 유키오(아래)와 이시하라 신타로. 삶을 마감한 미시마 유키오는 여전히 우익 또라이라 불리고 있고, 이시하라 신타로는 여전히 일본을 대표하는 우익으로 편안한 삶을 이어가고 있다.

을 하다 투옥되기까지 했으면서 말이다.

미시마 유키오의 주신구라

에도 막부 시대 아코 번의 영주였던 아사노 나가노리는 미가와국 영주인 기라 요시나카에게 모욕을 당했다는 이유[34]로 에도성에 있던 기라에게 칼부림을 선사했다. 결국 에도성에서 칼부림을 했다는 이유로 아사노는 자결 할복에 처해졌고 그로 인해 주인 아사노를 잃은 47명의 무사들이 1년 뒤 기라의 저택을 습격해 기라의 목을 베어 주군이었던 아사노의 묘 앞에 바친다. 그리고 47명의 무사들도 결국 할복으로 삶을 마감한다. 이게 바로 그 유명한 〈주신구라忠臣藏〉[35]다.

어린 미시마는 종종 할머니의 손에 이끌려 〈주신구라〉와 같은 무사들의 최후를 그린 가부키를 관람했다. 그리고 그 역시 같은 삶을 살았다. 주군을 모시는 무사와 같이 할머니와 부

34 어떤 모욕이었는지 정확히 알려진 바는 없다.

35 실화를 바탕으로 1748년 가부키로 초연된 이래 소설, 드라마, 영화로 오랫동안 인기를 끌고 있는 작품. 인기의 이유는 충성과 복수, 할복에 이르는 일본 무사도의 내용이 모두 담겨 있기 때문이다.

모에게 복종하며 살았고, 주군을 잃고 복수를 결행, 할복으로 삶을 마감했던 무사들처럼 천황의 부름(징집)에 응하지 못했던 자신을 부끄러워하며 결국 천황 만세를 외치며 할복했다.

그는 어린 시절 학대받았으나 글쓰기만은 포기하지 않았고, 결국 일본을 대표하는 작가의 반열에 올랐다. 병약한 자신에 대한 콤플렉스를 늘 품고 살았고, 강인한 자신을 만드는 데 전념했다. 강한 자신에 대한 욕구는 전후 일본이라는 국가로 향했고, 그런 그에게 시대는 우익 혹은 극우란 꼬리표를 달아줬다. 결국 그는 노벨문학상이라는 문학적 목표도 성취하지 못했고, 천황을 부르짖던 정치적 주장은 야유와 조롱으로 되돌아왔다.

주군 아사노의 복수에 성공하고 연행된 47명의 무사들에 대한 처벌을 놓고 당연한 일이라 옹호하는 여론과 같은 사건이 되풀이될지 모른다는 이유로 극형에 처해야 한다는 여론이 팽팽하게 맞섰다. 언제든 되풀이될지 모를 시대에 대한 반성은 없었다. 미시마의 할복을 놓고도 그러했다. 그를 미친 또라이 개인으로 낙인찍어야만 그와 무관할 수 있었고, 미시마 유키오는 물론 제2, 제3의 미시마 유키오를 만들어냈을지 모를 시대에 면책 특권이 주어지기 때문이었다.

"제군들이 말하는 체제 쪽 사람과 만나서 잠시 이야기를 나눴습니다. (중략) 그런데 그때 저는 정부 당국자의 얼굴을 보고 문득 깨달은 것이 있었습니다. (중략) 그들의 눈동자 속에는 전혀 불안이 없었습니다. (중략) 저는 모리아크François Mauriac가 쓴 《테레즈 데케이루Thérèse Desqueyroux》라는 소설을 자주 떠올리곤 합니다. 이 소설에는 남편을 독살하려는 테레즈라는 여자가 나옵니다. 왜 남편을 독살하려 했는가? 사랑하지 않아서? 확실하게 말할 수는 없습니다. 미워해서? 그것도 확실하지 않습니다. 테레즈는 "왜인지는 잘 모르겠지만 남편을 독살하고 싶었다" 그리고 마지막에 "남편의 눈동자 속에서 불안을 보고 싶었기 때문"이라고 말합니다. 나는 '이거야말로'라고 생각했습니다. 제군들도 여하튼 일본의 권력 구조, 체제의 눈 속에서 불안을 보고 싶었음에 틀림없습니다. 사실 저도 보고 싶습니다. 여러분과는 다른 방향에서."

미시마가 자신의 후배이기도 한 도쿄대 전공투와의 토론에서 한 말이다. 어떠한가? 근사하지 않은가? 그의 정치적 성향과는 무관하게 말이다. 선입견을 배제하고 다시 한 번 읽어보라. 아무 생각 없이 망언을 일삼는 일본 우익들의 모습과는 사뭇 다르게 느껴질 것이다. 이제는 부국이라는 미명 아래 가미카제神風 같은 자살 공격을 지시할 만큼 미쳐 돌아가던 일본 제국주의 시대에 면책 특권을 주는 대신, 미시마 유키오에게 '극우 또라이'란 낙인이 아닌 그 시대를 살다 간 비극의 주인공이란 이름을, 전후 일본을 대표하는 탐미주의 작가라는 호칭을 붙여줄 차례일지도 모를 일이다.

처세왕
정일수

"Pirate crews were often manned by desperate or disillusioned people."

"절망에 빠지거나 환멸을 맛본 사람들이
종종 해적이 되곤 했다."

앵거스 컨스텀 Angus Konstam

처세란 무엇인가

처세處世의 사전적 의미는 '사람들과 사귀며 살아감'이다. 그 처세를 위한 수단과 방법인 '처세술'이란 말을 흔히 쓰는데, 사람들과 더불어 세상을 살아가는 방법이란 긍정적 의미로도 쓰이지만 정치적 꼼수와 같은 부정적 의미로도 쓰인다. 어떤 의미든 간에 인생 혼자 사는 게 아닌 이상 처세술은 살아가는 데 늘 따라다니는 혹은 염두에 두어야 할 수단과 방법이며, 동시에 성공을 보장하는 필수 스킬이라 할 수 있다. 이러저러한 처세술이 등장하고, 성공의 필수 요건이자 리더의 자격 운운하며 많은 이들이 관심을 보이는 이유다. 중국의 《채근담菜根譚》《소창유기小窓幽記》《위로야화圍爐夜話》는 처세의 3대 기서로 불리며 지금까지도 사랑받고 있고, 《탈무드》 역시 일단은 읽고 봐야 할 처세서로서 많은 이들의 책장 한 자리를 차지하고 있다. 오늘날에도 여전히 누군가의 처세술을 담은 다양한 콘텐츠가 등장하고 있다.

'처세의 달인'이라 불리는 사람이 있다. 《군주론》으로 유명한 마키아벨리의 절친이며 16세기 르네상스 이탈리아를 대표하는 사상가이자 메디치 가문[1]의 핵심 멤버로 부와 명예를 갖췄을 뿐 아니라 여러 지역에서 총독의 자리에 오른 프란체스코 귀치아르디니Francesco Guicciardini다. 정치외교학의 고전인 《신군주론》과 16세기의 가장 중요한 역사책으로 꼽히는 《이탈리아사》를 저술한 귀치아르디니는 시대를 대표하는 사상가이자 정치가, 역사가였다. 그의 저서 중 지금까지도 널리 읽히고 있는 《처세의 지혜Ricordi》에서 처세의 달인 귀치아르디니는 이런 말을 남겼다.

"예상했던 위험보다는 전혀 예기치 못한 위기 상황에서

1 메디치 가문은 15~16세기 피렌체에서 막강한 영향력을 행사했으며, 이탈리아 르네상스의 발전을 이끌 만큼 영향력의 범위도 넓었다. 가문의 이름은 약사를 뜻하는 메디코Medico에서 유래했으며, 약업을 기반으로 유럽을 통틀어 가장 부유했던 메디치 은행을 탄생시켰다.

비로소 그 사람의 됨됨이를 알 수 있다. 뜻밖에 닥친 위기를 극복하기란 쉽지 않다. 그러므로 그것을 잘 극복하는 사람은 진정 용기 있는 자라고 불릴 만하다."

이 말에 딱 들어맞는 이가 있다. 여자의 몸으로 7만 명을 이끌며 계속되는 위기를 가뿐히 극복해버린 '처세의 왕'이라 불러도 될 만한 이다. 그녀는 시시때때로 위기와 마주하는 혹은 위기를 자초하는 운명을 지닌 해적이었다.

낭만이라는 이름의 해적

해적은 '배를 타고 다니면서 재물을 빼앗는 강도', 즉 바다 위의 강도다. 사법 처리의 대상이요 뿌리 뽑아야 하는 '악'이라 볼 수도 있다. 오늘날 해적은 소말리아에서 쉽게 찾아볼 수 있는데, 소말리아의 북부 아덴 만이 지구촌 해상 물동량의 14퍼센트를 책임지는 해상 물류 허브라는 지리적 특성, 그리고 20년 이상 지속된 내전 탓에 해적질 말고는 딱히 할 게 없다는 현실이 반영된 자연스런 결과다. 이러한 이유로 해역 피랍 사건 중 90퍼센트가 소말리아 해역에서 발생한다.

《돈키호테》의 작가 세르반테스도 해적에 납치된 바 있다. 군인이었던 세르반테스는 퇴역 후 배를 타고 고향으로 돌아가던 중 해적에 의해 알제리로 납치되었다. 해적이 요구한 몸값은 치를 수 없을 만큼 높았고, 탈출 시도는 실패와 고문으로 돌아왔다. 다행히 알제리 교포들이 몸값을 치러 자유의 몸이 되었지만 자유를 찾기까지 정확히 5년이 걸렸다.

하지만 납치, 약탈, 살인이라는 해적의 실존적 의미와는 달리 오늘날 해적의 이미지는 제법 그럴싸하게 '낭만'으로 치환되어 있다. 그 낭만적 이미지는 고스란히 문화에 반영되어 《캐리비안의 해적》 같은 영화, 《원피스》 같은 만화 등으로 이어져 많은 이들에게 사랑받기도 했다. 또한 고정관념과 규칙에 얽매이지 않는 무법적인 사고를 주장하며 "해군이 아니라 해적이 되라"고 말한 스티브 잡스의 이야기는 성공 신화의 한 페이지가 되었고, 독일의 메르켈 총리를 가리켜 냉철하지만 때로는 두려움이 없는 '여자 해적'에 비유하기도 한다. 강정호가 활약하고 있는 메이저리그 야구팀의 이름은 피츠버그 파이리츠Pittsburgh Pirates다.[2] 구단의 상징은 애꾸눈 해적이며(2013년까

2 피츠버그 파이리츠라는 이름은 다른 팀의 선수를 빼어간 과정이 해적 행위로 비난받았던 데서 유래했다.

지), 앨러게니 강을 끼고 있어 아름답기로 유명한 홈구장 PNC 파크를 찾은 관중은 연일 '고 파이리츠Go Pirates!'를 외친다.

그 옛날 해적들이 당시의 내륙 사회와는 달리 엄격한 규약과 원칙들을 통해 매우 민주적인 방식으로 운영되었다는 점도 해적을 낭만화하는 데 한몫한다. 게다가 정의롭게 표현되기도 하니 영화나 만화 속 해적이 사람들의 우상이 되는 건 그리 어려운 일도 아니다. 하지만 민주, 정의, 낭만 등으로 해적을 표현하는 것은 맞지 않다. 민주적 규칙은 위험천만한 바다에서 이익을 얻기 위해 온갖 불법과 폭력을 행하는 무법자 집단인 그들의 내부 결속을 위한 것일 뿐 조직 밖으로 향하는 해적에 태도에서는 거의 찾아볼 수 없기 때문이다. 인류 역사상 가장 무자비하고 경우 없는 집단이 바로 해적이다.

해적을 찾아서

역사적으로 해적은 늘 무자비한 방식으로 돈을 쫓아왔다. 저 옛날 고대 지중해에서 해적질이 번성했던 이유도 이집트와 페니키아가 지중해를 무대로 무역량을 늘렸기 때문이었다. 다시 말해 수단과 방법을 가리지 않고 빼앗을 '돈'이 있어서였다. 바이킹이 해적을 대표하는 이름이 된 이유는 지금의 소말리아의 상황과 크게 다르지 않다. 당시의 노르만족은 씨족제에서 계급 사회로 이행하는 과도기에 있었고, 이 과정에서 권력을 잡지 못한 부족의 족장들이 배를 타고 떠나면서 해적질이 본격화되었다. 물론 모험을 즐기는 호전적 기질과 뛰어난 항해술, 그리고 로마제국의 멸망으로 유럽의 중심이 지중해에서 대서양으로 옮겨간 것도 여기에 한몫했다. 저항하는 포로의 목을 도끼로 잘라 창에 꽂을 만큼 바이킹의 호전적 기질은 악명 높았으나 '모험가'라는 낭만적인 포장도 늘 존재해왔다. 우리가 테마파크에서 '바이킹'이라 이름 붙은 놀이기구를 타며 아무렇지 않게 스릴을 만끽하는 이유다.

인류의 역사를 수놓은 해적은 이루 말할 수 없다. 하도 오래된 일이라 전설로 불리는 바이킹 라그나르 로드브로크Ragnar Lodbrok는 그 이름만 들어도 프랑스와 영국이 오들오들 떨 정도로 악명을 떨친 바이킹의 시조다. 로드브로크는 생포한 서프랑크 왕국 포로 100여명을 서프랑크 왕국 샤를 2세의 군대가 가장 잘 볼 수 있는 곳에서 교수형에 처해 공포심을 심어줬다. 이에 잔뜩 겁을 먹은 샤를 2세가 7000파운드의 은을 주겠다고 제의했지만 로드브로크는 이를 무시한 뒤 센 강을 타고 부하들과 함께 파리를 공격할 만큼 대담하고 무시무시했다.

《포브스》가 선정한 역대 해적 약탈액 2위[3]의 명성에 빛나는 프랜시스 드레이크Francis Drake는 스페인 보물선 전문 해적이었다. 그는 친척과 함께 노예 무역 선단에 참여해 활동하다 스페인 해군의 공격으로 목숨을 잃을 뻔한 뒤로 스페인 선박 전문 해적이 되었다고 알려져 있지만, 사실 1492년에 콜럼버스가 바하마 군도를 발견한 이후 남미와 카리브 해를 스페인이 장악한 것으로 미루어볼 때 걸렸다 하면 스페인 선박일 확률이 높았을 것이다. 드레이크는 스페인 선박을 공격해 엄청난 재물을 약탈했고, 이 중 일부[4]를 엘리자베스 여왕 1세에게 바쳐 처벌은커녕 훈장을 받고 시장에 선출되기도 했다. 그의 해적질은 영국의 공식적인 지원을 받았고, 때로는 영국 함대를 지휘하며 무적함대를 격파하기도 했다. 스페인을 향한 그의 정성스런 약탈은 파산 위기에 몰린 영국 왕실에게 한줄기 빛이기도 했다.

프랑스 해군 장교 출신으로 아스테카의 보물을 잔뜩 싣고 멕시코에서 스페인으로 향하는 선박 전문 해적이었던 장 플

3 '최고 소득 해적들Top-Earning Pirates', 《포브스》(2008. 9. 19). 이 순위에 의하면 1위는 1억 2000만 달러를 약탈한 새뮤얼 "블랙 샘" 벨라미다.

4 《포브스》에 따르면 프랜시스 드레이크가 약탈한 총액은 현재 가치로 환산해 약 1억 1500만 달러로, 그가 한 번 약탈해 영국 여왕에게 바친 금액이 영국 국고 세입을 훨씬 넘어설 정도였다.

뢰리Jean Fleury, 아프리카와 인도양에서 악명을 떨쳤으나 어쩔 수 없는 상황이 아닌 이상 절대 포로를 죽이지 않는다는 원칙을 고수하다 이에 반발한 부하들의 반란으로 섬에 버려져 목숨을 잃은 아일랜드 출신의 에드워드 잉글랜드Edward England, 스페인 보물선의 잔해를 찾다가 결국 해적이 되어 4.5톤가량의 금은을 한 방에 턴 역대급 해적질의 주인공으로, 애인을 만나러 가는 길에 배가 좌초되는 바람에 목숨을 잃은 사랑 넘치는 해적 새뮤얼 "블랙 샘" 벨라미Samuel "Black Sam" Bellamy 등등 16~17세기에만도 이루 헤아릴 수 없을 만큼 많은 해적들이 해적 역사의 한 페이지를 장식했다.

재밌는 사실은 2008년 《포브스》가 16~17세기 해적들의 해적질을 화폐 가치로 환산해 선정한 톱20에 여자 해적의 이름은 전혀 보이지 않는다는 것이다. 그도 그럴 것이 늘 해적선의 선장, 약탈의 주인공은 남성의 몫이었기 때문이다. 해적의 여자는 있지만 선장이라 불리는 여자 해적의 이름은 찾기 어렵다.

하지만 19세기, 해적 역사의 한 페이지에 볼드체로 이름을 각인시킨 여자 해적이 등장한다. 그녀는 뱀이 가득 찬 구덩이에 빠져 죽거나(라그나르 로드브로크), 해적질 중 대포에 맞아 죽거나(토머스 튜), 교수형에 처해지거나(장 플뢰리), 바다에서 실종되는(에드워드 로) 등 해적의 기본 옵션인 처참한 말로도 겪지 않았다. 그리고 해적의 역사를 빼곡히 채운 유럽인도 아니었으며 앤 보니Anne Bonny나 메리 리드Mary Read[5] 같은 익숙한 여자 해적의 이름도 아니다. 게다가 해적으로서는 불가능에 가까운 천수까지 누렸다.

19세기 중국 최고의 여자 해적 두목이자 영화 《캐리비안의 해적: 세상의 끝에서》(2007)에 등장하는 '칭'의 실존 모델인 정일수鄭一嫂(본명 석향고石香姑, 1775~1844)가 바로 그 주인공이다.

석향고라 불린 여인

1775년 중국 남쪽의 관문이자 수륙 교통의 요충지인 광둥廣東 어딘가에서 태어난 석향고는 중국 남부 해안을 중심으로 무리를 지어 수상생활을 하던 단민蜑民 출신이었다. 성장한 후 창녀가 되어 혼인하기까지 그녀에 대해 알려진 바는 없다. 석향고가 수상에서 성매매업에 종사하다 당시 중국 남부 해역에서 악명을 떨치던 해적단 홍기방의 우두머리 정일鄭一[6]과 혼

5 앤 보니는 자신의 남편을 따라, 메리 리드는 자신이 탄 서인도행 배가 해적에게 나포된 것을 계기로 해적질을 시작했다. 그녀들은 남자 해적 못지않게 전투적이었다고 알려져 있다.

인했다는 것만이 알려졌을 뿐이다. 창녀였던 석향고가 정일과 혼인하게 된 이유도 명확하지 않다. 해적에게 납치되었다는 설, 석향고가 해적 연합 중 한 선단 사령관의 딸이었고 그로 인한 정략적 선택이었다는 설,[7] 그저 평범한 만남과 결혼이었다는 설 등이 분분하다. 결혼한 해도 정확하지 않다. 확실한 건 석향고가 정일과 결혼했다는 것이고 그때부터 석향고는 정일의 부인을 높여 부르는 말인 정일수鄭一嫂라고 불리기 시작했다는 것이다. 아마도 정일수는 결혼할 때까지만 해도 남편이 이끄는 해적 무리가 해적선 2000척에 해적 7만 명을 이끄는 거대한 연합[8]이 될 것이라고는 꿈에도 생각지 못했을 것이다.

6 정을鄭乙이라 불리기도 한다.

7 이 설에 의하면 정략결혼의 대가로 석향고의 아버지는 정일에게 해적 함대 일부를 이양받았다고 한다.

8 《그들의 바다: 남부 중국의 해적 1790~1810》의 저자 다이앤 머레이에 따르면 당시 정일의 해적 연합의 규모는 대개 과장되거나 축소된 추측일 뿐이어서 동인도회사 감독관 등의 영문 자료를 토대로 해적 연합의 규모를 추산하였다.

정일수라 불린 여인

석향고라는 이름이 정일수로 바뀌게 된 계기나 다름없는 남편 정일은 1765년 베트남에서 태어난 것으로 추정된다. 해적의 아들로 태어나 해적 선단의 사령관으로 성장한 정일은 베트남을 떠나 광둥으로 향했다. 중국 남부의 광둥 연안 해역은 이미 수많은 해적들이 청조의 진압에도 아랑곳하지 않고 활개 칠 수 있는 해적의, 해적에 의한, 해적을 위한 맞춤형 공간이었기 때문이다. 1801년 광둥에 도착한 정일은 자신이 지휘하던 홍기방은 물론 남부 해안에 존재하던 군소 해적 조직을 규합해 연합체를 만든 뒤 우두머리의 자리에 올랐다.

총 6개 조직[9]으로 구성된 해적 연합은 순식간에 막강해졌다. 각 조직의 활동 영역과 수익을 보장하고, 서로를 공격하지 않으며, 철저한 자율권을 보장하는 등 나름 상식적이고 민주적인 운영이 해적 연합의 성장을 뒷받침했다. 게다가 남부 해안은 16세기 이후로 무역이 활성화되었으며 섬이 수백 개나 있어 해적에게는 더할 나위 없는 입지 조건을 갖추고 있었

9 연합은 홍기방紅旗幫, 흑기방黑旗幫, 백기방白旗幫, 녹기방綠旗幫, 남기방藍旗幫, 황기방黃旗幫 등 총 6개의 조직으로 구성되었으며, 이 조직들은 각각 조직이 기반하고 있는 지역을 뜻하는 색깔을 이름으로 썼다.

다. 해적 연합은 마카오를 점령한 포르투갈을 내쫓으며 엄청난 화력을 과시하기도 했다. 1804년, 정일이 '광둥 앞으로'를 외친 지 3년 만에 이룩한 성과였다.

정확하진 않지만 정일은 광둥에 도착한 1801년 석향고라 불리던 여인과 결혼한 것으로 추정된다. 중요한 점은 석향고가 정일수가 된 이후 그저 부인으로서 내조에만 전념하지 않았다는 것이다. 정일이 이끄는 해적 연합이 7만이라는 일개 국가의 군대와 맞먹을 정도의 해적 연합으로 성장하는 데 있어 정일수는 든든한 후원자 이상의 역할을 해냈다. 필요할 때 지략을 보태고 무술을 익히며 책사와 조언자이자 해적 동지의 역할을 해낸 것이다. 해적 정일수의 역사는 이렇게 시작되었다.

정일수의 활약을 다룬 그림(좌)과 이탈리아 영화감독 에르마노 올미Ermanno Olmi가 연출한 《병풍 뒤의 노래 소리Singing Behind Screens》(2003)에 등장하는 정일수(우). 정일수는 대개 아름답고 날렵하며 호전적으로 그려진다.

정일과 정일수의 해적 연합은 청나라도 섣불리 손쓸 수 없을 만큼 화끈했다. 해적 연합의 6개 조직은 서로의 자치권을 인정하는 동시에 하나라는 일체감도 가지고 있었다. 청조가 해적을 소탕한답시고 공격하면 순식간에 각 조직은 연합의 형태로 방어해냈다. 이렇게 남부 해안을 접수한 해적 연합은 그 지역을 지나는 모든 배들에게 보호비를 받았고, 보호비만 수금하는 해적으로서의 일상이 지루하다 싶으며 약탈을 자행했다. 해적 연합은 툭하면 청조의 운송선을 약탈했고, 가끔 유럽의 무역선도 공격했다. 하지만 정일은 유럽의 무역선에 대한 공격과 약탈은 최대한 자제했다. 영국을 위시한 그들의 수상 화력을 알고 있었기 때문이다. 반대로 영국을 비롯한 유럽 선단은 거대하고 잔인한 해적 연합을 두려워했다.

승승장구하던 해적 연합에 뜬금없이 닥친 시련은 다름 아닌 정일의 사망이었다. 해적이라는 지구상에서 가장 악랄하고 거친 조직을 유연하고 단단한 연합으로 통합시킨 정일이 해적 연합의 위세가 절정에 다다르던 1807년에 돌연 사망한 것이다. 폭풍우에 사망한 것으로 추정되나 청나라 황제에 의한 독살설, 정일의 양자이자 동성 연인이었던 장보張保와 정일수의 계략에 의한 암살설도 존재한다.

확실한 것은 정일이 1807년에 사망했고, 머지않아 해적 연합의 새로운 우두머리 자리에 정일수가 오르게 되면서 해적 연합은 혼란 대신 제2의 전성기를 맞이하게 되었다는 사실이다.

정일수의 해적 연합

정일이 사망하자 정일이 직접 지휘하던 홍기방의 사령관 자리는 큰 문제 없이 정일수에게 넘어갔다. 하지만 상황은 그리 만만하지 않았다. 정일이 사망하던 1807년 해적 연합은 그 어느 때보다 거대해져 있었고, 수장을 잃은 조직이 술렁이고 있었기 때문이었다. 게다가 정일수는 해적의 역사에서 늘 금기

홍콩의 장철張徹 감독이 연출한 《대해도大海盜》(1973)에서는 《영웅본색》의 주인공으로 유명한, 꽃미남 시절의 적룡狄龍이 장보 역을 맡았다. 장보에게 도끼 세례를 받는 이는 영국 해군이다.

시되던 여자였다. 하지만 처세왕으로서의 정일수는 이때 카드를 한 장 꺼냈다. 바로 정일의 양자이자 동성 연인이었던 장보다.

장보의 유년 시절에 대해서도 알려진 바는 많지 않다. 가난한 어부의 아들이었고 어린 나이에 정일이 이끌던 홍기방의 해적에 납치된 뒤 정일의 동성 연인이 되었다는 것 정도다. 그런 탓에 영화에서 장보는 주로 꽃미남으로 묘사된다.

정일수와 마찬가지로 장보의 이름과 행적은 정일의 사망 이후 구체적으로 등장한다. 장보는 자신의 양아버지이자 애인이기도 했던 정일이 사망하자 잽싸게 정일수의 애인이 되었다. 정일수가 정일과 다름없는 처세와 리더십을 선보이며 홍기방을 바탕으로 해적 연합의 우두머리가 되는 데는 그리 오랜 시간이 걸리지 않았다. 그녀 옆에는 정일 대신 장보가 있었으며, 장보는 정일수가 해적 연합을 이끌자 홍기방을 맡아 지휘하며 정일의 그림자를 말끔히 지워냈다. 정일과 정일수가 만들어낸 강력한 해적 연합은 고스란히 정일수와 장보의 차지가 되었다.

정일수는 매우 빠르고 주도면밀하게 남편이 만들어놓은 해적 연합을 접수했다. 우선 해적으로서 전면에 나섰고, 주변 세력을 포섭하기 시작했다. 정일수의 행보에 장보는 심복이자

행동대장의 역할을 수행했고, 그로 인해 해적 연합 내에서 그의 입지는 급부상했다. 정일이 사망하고 정일수가 수습하는 과정에서 등장한 장보는 자칫 연합 내의 시기와 분열을 조장할 수도 있는 위험 요소였다. 정일수 역시 그 사실을 알고 있었다. 그녀의 선택은 전 남편의 양자이자 동성 연인이었던 장보와의 혼인이었다. 빼도 박도 못 하는 관계를 만들어버린 것이다.

정일을 사이에 둔 삼각관계에서 부부로 발전한 정일수와 장보는 해적 연합을 보다 강력하고 체계적으로 운영해나갔다. 우선 해적 연합의 규칙을 더욱 강화했다. 해적 연합의 창고나 해적 연합을 후원하는 마을을 약탈할 경우, 해적 활동 시 성행위를 할 경우, 허가 없이 육지에 오를 경우, 명령에 불복할 경우 묻지도 따지지도 않고 참수해 바다에 던져버렸다.

정일수의 해적 연합은 정일수의 반 박자 빠른 처세와 규율 강화 등을 통해 해적 연합의 전성기를 꾸준히 이어갈 수 있었다. 청조의 해군은 상대도 되지 않았고, 자신들의 흉악함을 널리 퍼뜨려 공포심을 조장했으며, 전투 중 적의 심장을 꺼내어 먹는 등 악랄함의 끝판을 선보이기도 했다. 바다에서뿐 아니라 청조의 내륙 요새를 공격하기도 했다. 장보 스스로 "청조를 무너뜨리고 중국을 다시 세우자"라는 말에서 알 수 있듯이 정일수의 해적 연합은 바다에만 국한되지 않을 정도로 거대하고 막강해졌다.

운영에 필요한 재정은 충분했다. 해적 연합은 중국에서 출발하는 소금 무역 항로를 장악해 쏠쏠한 수익을 얻었고,[10] 영국에서 중국으로 향하는 아편 무역에도 관여했다. 끊임없는 약탈과 납치를 통한 부수입도 나쁘지 않았다. 해적 연합은 남부 해안을 거치는 모든 선박에 통행료를 징수했고, 심지어 해안 인근의 내륙에서도 통행료를 징수할 만큼 남부 해안은 말 그대로 해적 연합의 차지였다. 이제 해적은 더 이상 가난한 어부와 내륙에서 쫓겨난 이들의 최후의 선택이 아니라 성공과 모험을 좇아 가입하는 엄연한 조직체가 된 것이다.

1805년 정일이 선박 800여 척을 기반으로 이끌던 해적 연합은 정일수가 이끄는 1809년에 이르러서는 2000여 척으로 늘어났으며, 해적 수는 무려 7만 명에 육박했다. 이것이 어느 정도 규모인지 쉽게 예를 들어보자. 1588년 식민지로부터 온갖 보물을 실어 나르는 스페인 선박을 전문적으로 약탈한 영국 해적 프랜시스 드레이크를 타도하기 위해 스페인의 펠리

10 해적 연합은 1805년부터 광둥 인근의 소금 값을 좌우할 정도로 소금 무역을 완전히 장악했으며, 그로 인해 소금업자들로부터 거액의 보호비를 상납받을 수 있었다.

페 2세가 보낸, 가장 위대하고 축복받은 함대라 일컬어지는 '무적함대'는 총 130여 척이었다.

해적 연합의 몰락: 처세왕 정일수

정일수가 이끄는 해적 연합의 기세는 대단했다. 연이는 청조 해군의 공격에도 아랑곳하지 않았고, 정일과는 달리 유럽의 선박을 공격하는 데도 주저함이 없었다. 다급해진 청조가 영국과 포르투갈, 미국과의 연합을 구성해 해적 연합 소탕 작전을 벌이는 와중에도 해적 연합은 보란 듯이 포르투갈 총독 안토니오António Botelho Homem의 범선을 나포하기도 했다.

하지만 거대해질 대로 거대해지고 악랄할 대로 악랄해진 해적 연합의 전성기는 그리 오래가지 않았다. 청조라는 외부와 격렬하게 대치하는 동안 조직 내부의 욕망들이 꿈틀거리기 시작하며 분열의 기미를 보인 것이다. 각 조직별로 안정적인 수입에 대한 욕심이 하늘을 찌르기 시작했고, 까라면 까야 했던 하층 해적들의 불만이 수면 위로 올라왔으며, 뜬금없이 등장한 장보에 대한 시기가 상층 수뇌부의 갈등을 증폭시켰다. 해적을 향해 '눈에는 눈' 같은 방식의 공격만 선보였던 청조가 1809년 말을 기점으로 '투항 환영'이라는 회유책을 선보인 것도 해적 연합의 분열에 한몫했다. 대표적으로 흑기방의 사령관 곽파대郭婆帶는 해적의 필연적인 미래에 대한 불안감을 투항으로 해소하려고 했다. 더욱이 곽파대는 장보를 그 누구보다 시기하는 사령관이기도 했다. 이후 투항을 향한 곽파대의 진심은 청조의 공격에 포위된 장보의 지원 요청에 대한 거절로 이어졌고, 이는 해적 연합 내부의 분열을 넘어 서로를 향한 공격으로 확대됐다. 결국 마카오의 법무관을 동원해 투항한 곽파대는 청조의 관군에 합류해 불과 얼마 전까지 함께 약탈과 살인을 하던 해적들을 공격하기 시작했다. 막강한 조직력과 위용을 과시했던 해적 연합에 투항의 물결이 넘실거리기 시작했다.

곽파대의 뒤를 이은 투항자는 다름 아닌 곽파대의 앙숙이자 홍기방의 리더인 장보였다. 해적 연합에서 가장 강력했던 홍기방의 장보가 투항의 조짐을 보인다는 건 곧 해적 연합의 우두머리 정일수가 그 뒤에 있음을 의미했다. 장보는 협상을 시작했다. 장보의 요구 사항은 곽파대와 마찬가지로 관직의 보장 그리고 선박과 부하 및 재산의 일부 인정이었다. 협상은 쉽게 끝나지 않았다. 청조는 장보의 요구 조건이 만족스럽지 못했고, 장보와 그 뒤의 정일수는 단 한 발짝도 물러서지 않았다. 결국 협상의 마무리를 위해 처세왕 정일수가 나섰다. 그녀는 양광총독兩廣總督[11] 백령百齡과 담판을 벌여 사면과 관직은 물론 재산의 인정까지 요구했다. 이를 위해 '해적질 컴백'이라는 협박 카드도 내밀었다. 결국 협상의 승리자는 정일수가 되었다.

투항 협상은 정일수에 의해 종결됐다. 정일수는 일부라고 하기엔 막대한 재산(선박과 부하 포함)을 인정받았고, 남편 장보의 관직도 얻어냈다. 이를 위해 '착하게 살겠다'는 전향서 제출은 물론이고 인정받은 재산 외의 모든 것을 청조에 귀속시켰다. 그뿐 아니라 자신과 동고동락했던 수많은 부하들의 목숨을 청조의 해적 소탕 명분을 위해 헌납했다. 장보는 청조의 해군 장교를 맡아 곽파대보다 더하면 더했지 덜하지 않은 해적 소탕을 감행했고, 해적 연합에 남아 있던 해적들은 투항하거나 청조와 장보에 의해 최후를 맞이했다.

해적 사령관에서 해군 장교로 완벽하게 신분 세탁을 마친 장보는 해적 소탕에 혁혁한 공을 세워 해적으로서는 상상도 할 수 없는 강남염법도江南鹽法道[12]의 자리에까지 올랐다. 하지

11 광둥과 광시廣西 두 성을 합쳐 양광 지역이라고 하며 그 지역의 총독을 양광총독이라 한다.

만 그의 운은 오래가지 않았다. 1822년 37세의 나이로 사망했기 때문이다. 아주 오랫동안 운을 지킨 이는 바로 정일수였다. 장보의 사망으로 또다시 과부가 된 정일수는 아들과 함께 광둥으로 돌아와 1844년까지 천수를 누렸다.

어쩌면 그녀가 겪은 시련은 어린 나이에 창녀가 되었다는 것, 첫 남편 장일을 일찍 잃었다는 것, 두 번째 남편 장보와도 그리 오랜 시간을 함께하지 못했다는 것, 머지않아 장보와의 사이에서 얻은 아들 역시 27세의 나이에 도박죄로 체포된 뒤 병들어 죽었다는 것쯤 되겠다. 그녀의 처세는 늘 시련을 극복하는 방식이었다. 창녀라는 신분적 미천함은 해적 두목과의 결혼으로 극복했으며, 첫 남편의 죽음은 완벽한 권력 인수와 두 번째 남편을 통해 극복했고, 해적의 괴멸은 협상을 통해 극복했다. 아들의 죽음 역시 그녀의 풍요롭고 조용하고 여유로웠을 이후의 삶으로 극복했을지 모른다. 그녀의 처세가 만들어낸 삶은 함께했던 수많은 해적들이 처참한 최후를 맞이하며 사라지는 동안 1844년까지 평화롭게 계속됐다.

12 무관 지휘 체계에서 두 번째로 높은 관직으로, 무과 시험의 두 번째 단계인 향시鄕試를 통과해도 운이 좋아야 오를 수 있는 고위직이다. 참고로 장보는 문맹이었다.

왕의 시대: 마지막 해적의 전성기

중국의 해적은 589년 수나라가 건국되기 이전부터 활동했다고 알려져 있다. 광활한 중국 대륙이 분열과 통합을 거듭할 때마다 해적들이 득세했다. 내륙의 혼란은 바다로의 탈출을 부추겼고, 내륙에 집중된 통제는 바다를 무방비 상태로 만들었다. 수나라로부터 천년이 지난 청나라 역시 다르지 않았다.

정일수의 해적 연합이 활동한 시기는 중국의 마지막 왕조인 청나라 시대였다. 청나라는 여진족의 추장 중 한 명이었던 누르하치努爾哈赤가 후금을 세우면서 시작됐다(1616년). 국호를 대청으로 개칭한 뒤(1636년) 대륙을 통일하고(1644년) 1912년까지 지속됐으나 그리 평탄하지만은 않았던 역사였다.

청나라의 첫 번째 미션이나 다름없었던 대륙의 통일에 등장하는 이름이 바로 이자성李自成이다. 후금과 시시때때로 전쟁을 벌이던 명나라의 이자성이 일으킨 농민 봉기[13]는 명나라

13 이자성의 난. 후금과의 끊임없는 전쟁으로 인한 백성의 조세 부담 가중, 8년 동안의 기근과 가뭄으로 민심이 흉흉해진 시기에 등장한 이자성이 일으킨 농민 봉기. 1630년부터 이자성이 농민 봉기를 주도하고 시작했고, 결국 1644년 베이징 함락, 마지막 황제인 숭정제와 주황후가 자결하면서 명나라의 멸망으로 이어졌다. 이자성은 청조와 대립하다 1645년 명조에 충성하는 현지 무장 세력에 살해되었다. 자살설과 승려로 전직 후 1674년까지 생존했다는 설도 있다.

를 멸망에 이르게 하고 청나라의 대륙 통일에 결정적 역할을 했지만 남은 이자성의 세력은 곧 청나라에 위협이기도 했다. 그러니 이제 막 대륙을 통일한 청조의 관심 안에 바다가 들어올 리 없었다.

그렇다고 청조가 해적을 마냥 강 건너 불구경하듯 대한 것만은 아니다. 때로는 해적을 압박하고 억제하기 위해 노력하기도 했지만 대륙의 광활함과 수많은 인구는 청조가 바다에 관심을 두는 것을 질투라도 하듯 가만 내버려두지 않았다. 하지만 이자성과 비슷한 시기에 등장한 정지룡鄭芝龍(1604~1661)과 그의 아들 정성공鄭成功(1624~1662)으로 인해 청조는 남부 해안의 생생한 공포를 경험하게 된다.

정지룡은 명나라 말기 푸젠성福建省 샤먼厦門을 근거지로 하여 해적으로 시작해 무역상으로 명성을 날렸다. 그는 무역선과 전함을 동시에 보유한, 무역업에 종사하는 해적이나 다름없었다. 바다에서 그의 영향력이 무한대로 확장되자 이를 무시할 수 없었던 명조는 그에게 관직을 내렸다. 결국 정지룡은 명나라의 간섭 없이 막대한 부를 쌓을 수 있었으나 얼마 지나지 않아 명나라가 사라져버리고 말았다. 정지룡은 명의 마지막 황손인 당왕(율건律鍵)을 옹립하고 일본에게 원군을 요청하는 등 청나라에 대항하고 명나라 부흥 운동에 앞장섰다.[14] 하지만 중국 역사의 나침반이 청으로 기울었다고 판단한 정지룡은 명나라 부흥 운동을 시작한 지 2년 만에 "절대 청군에 반항하지 말라"는 말을 남기고 청조에 투항했다(1647년).

문제는 아들 정성공이었다. 정성공은 아버지 정지룡의 투항을 이해하지 못했다. 이 과정에서 정지룡의 스텝은 아들을 이해시키지 못했던 데서 한 번 꼬이고, 청조에 투항한 뒤 아들까지 회유하려다 실패하면서 한 번 더 꼬였다. 두 번 꼬인 스텝은 결국 정지룡의 비참한 최후로 이어졌다. 청조가 정성공을 회유하지 못한 정지룡을 모반죄(전복죄)로 처형한 것이다.

정성공은 1658년 병사 17만을 이끌고 내륙 침공을 감행했으나 대륙은 17만으로는 꿈쩍도 하지 않았다. 게다가 청조는 해안 세력에 놀랐던 경험을 바탕으로 천계령遷界令[15]을 발동했다. 해안 지역의 주민들이 정성공에 협조할 것에 대비해 주민들을 내륙으로 이주시킴과 동시에 통로를 차단한 것이다. 수세에 몰린 정성공의 선택은 대만이었다. 당시 대만은 명나라 때 조정이 부패한 틈을 타 네덜란드가 점령한 네덜란드인들

14 이를 두고 반청복명反淸復明이라고 한다.

15 청나라 초기에 정성공의 명나라 부흥 운동과 정성공 세력을 억제하기 위해 시행한 해금海禁 정책으로 원래는 명나라 때 왜구에 대비해 시행한 정책이었다.

정성공에 의해 대만에서 쫓겨나고 있는 네덜란드 군대의 모습(좌)과 정성공이 활약했던 중국 샤먼에 있는 정성공의 석상(우). 청조는 명의 부활을 외친 정씨 일가를 멸족했으나 융화 정책의 일환으로 정성공 일가의 충절을 인정하고 예우하였다.

의 섬이나 다름없었다. 정성공은 네덜란드인들을 몰아내고 대만을 접수하여 무역업과 해적질을 병행했으나 안타깝게도 그에게 주어진 시간은 고작 1년뿐이었다. 1662년 정성공의 급작스런 죽음으로 대만은 아주 쾌적한 상태로 청조에게 반환됐다. 대만에 중화민국이 세워진 것은 1911년 신해혁명辛亥革命[16] 이후로, 정성공은 지금까지도 대만인들에게 '역사에 이름을 떨친 최초의 대만인'이라는 타이틀로 각별한 애정을 받고 있다.

16 청나라 말기 지배 체제가 흔들리고 정치가 혼란한 상황에서 일어난 민주주의 혁명으로, 이를 계기로 쑨원을 대총통으로 하는 중화민국이 탄생했다.

정지룡과 정성공 부자 이후 등장한 정일과 정일수 부부가 남부 해안을 압도할 수 있었던 이유 중 하나가 바로 대륙(청조)의 무기력함이었다. 정일과 정일수가 최강의 해적 연합을 구축하며 전성기를 누리던 그때, 대륙에서는 청조의 쇠퇴를 보여준 첫 사건이자 대반란이라 할 수 있는 백련교도들의 난이 발생했다. 송-원-명을 거치며 성행한 백련교白蓮教[17]가 대륙 민중의 삶이 피폐해지자 세력을 확장하더니 급기야 반권력 봉기로 이어진 것이다. 백년교도들의 난은 1796년부터 1805년까지 오랜 기간 지속됐다. 정확히 정일과 정일수의 해적 연합이 세력을 확장하던 시기와 중첩된다. 청조는 막대한 재정을 백련교도들의 난을 진압하는 데 투입했다. 그러다 보니 해적 소탕에 투입할 재정이 넉넉할 리 없었다.

청조는 남부 해안을 신경 쓸 겨를이 없었다. 난리가 난 대륙의 진압이 최우선이었던 탓이다. 16세기 유럽인들이 열어놓은 극동 통상로에서는 엄청난 양의 무역이 성행 중이었고, 이를 기반으로 거대한 해적 연합이 형성될 수 있었다. 게다가

17 불교의 한 종파로 미륵부처가 현세를 구원할 것이라 믿는 종교. 원나라가 망하고 명나라가 등장하게 된 계기를 마련한 '홍건적의 난'의 사상적 기원이기도 했고, 청나라 쇠퇴에 큰 영향을 끼친 한족 저항 세력에 큰 영향을 끼치기도 했다.

청조는 무관심했다. 18세기 말부터 19세기 초까지 남부 해안에서 짧지만 강렬했던 해적의 전성기가 가능했던 이유다.

이런 시대를 함께한 정일수는 타고난 처세로 역사의 한 페이지를 작성했다. 여자 해적 명단은 물론 모든 해적 명단의 상위에 랭크될 정도로 무시무시한 어둠의 업적을 달성한 것이다. 그녀의 처세는 해적으로서 불가능에 가까운 평화로운 여생도 누릴 수 있게 했다. 사실 해적 명함을 단 수많은 이들의 삶은 평온함과 거리가 멀었다. 포르투갈 총독을 납치하려다 함정에 빠져 총알 세례를 받고 삶을 마감한 영국 출신 해적 하웰 데이비스Howell Davis나 고국 프랑스를 침공한 영국을 돕고 엘리자베스 1세에게 보상금을 요구했으나 거절당한 뒤 해적질을 계속하다 사망한 프랑스 출신 해적 프랑수아 르 클레르François Le Clerc처럼 말이다. 해적질로 부와 명성은 물론 기사 작위까지 받아 풍요로운 여생을 누린 헨리 모건Henry Morgan 역시 체포와 재판 등을 겪었다. 저 옛날 술의 신 디오니소스를 납치했다가 결국 돌고래가 되어버린 신화 속 해적들도 있으니 정일수는 모든 면에서 다른 해적들을 압도하고도 남는다고 할 수 있겠다. 그것도 여자로서 말이다.

정일수가 사망하기 직전 청조를 뒤집어놓은 사건은 바로 1839년부터 1842년까지 영국과 벌인 아편 전쟁이었다. 영국의 동인도회사는 중국과의 무역에서 차 수입 때문에 적자가 발생하자 엄청난 양의 아편을 청나라에 수출했다. 이로 인해 청나라의 아편 중독자가 늘어나고 막대한 아편 수입으로 적자가 커지자 청조가 아편을 단속하고 영국의 아편 상선을 털어 2만 상자의 아편을 파묻어버린 것이다. 물론 정일수에 이어 광둥에서 삽응차이 같은 해적이 활동하며 아편 상선을 위협하기도 했지만 그 세력은 미미했다. 해적이 떠난 남부 해안은 청조가 아닌 영국의 것이 되었고, 아편 전쟁의 승리 역시 영국의 차지였다.

패배한 청조는 배상금은 물론이고 홍콩을 100년간 영국에게 할양했으며, 5개 항구[18]를 개방하는 내용을 담은 세계 최초의 불평등 조약인 난징조약南京條約을 체결하기에 이르렀다. 청조와 연합해 해적을 소탕했던 영국은 1차 아편 전쟁에 이어 프랑스와 연합한 2차 아편 전쟁을 통해 또다시 배상금 지급과 항구 개방 확대, 기독교 공인까지 약속한 톈진조약天津條約을 체결했고, 청조의 조약 이행이 마음에 안 들자 프랑스와 함께 베이징까지 진격했다. 청조는 그렇게 몰락이 길을 걸었고, 정일수는 난징조약이 체결되고 2년 뒤인 1844년 65세의 나이로

18 광저우廣州, 샤먼廈門, 푸저우福州, 닝보寧波, 상하이上海.

1843년 홍콩에서 난징조약 비준서를 교환하는 영국과 청조의 모습. 영국 의원들마저 '더러운 전쟁'이라며 자국의 제국주의 노선을 비판하고 아편 전쟁을 반대했으나 결국 전쟁은 벌어졌고 영국이 승리했다. 승자의 입장을 담은 그림답게 빼앗은 자도 빼앗긴 자도 모두 편안한 표정을 하고 있다.
(출처: 위키피디아)

편안히 숨을 거뒀다.

사실 정일수뿐 아니라 해적의 역사를 수놓은 수많은 이름들이 선보인 해적질을 오늘날 찾아볼 수는 없다. 대신 다른 의미에서 진짜 해적을 찾아볼 수 있다. 2012년 한 일간지와의 인터뷰에서 "제국주의는 20세기 들어와 '자유 무역'이라는 이름으로 해적 행위를 해왔다"고 말한 MIT 교수, 생존하는 석학의 본좌로 불리는 노엄 촘스키(Noam Chomsky)가 쓴 《해적과 제왕》의 서문에는 이런 대목이 등장한다.

알렉산더 대왕이 한 해적을 사로잡았다. 대왕이 해적을 꾸짖었다.

"너는 어찌하여 감히 나의 바다를 어지럽히느뇨?"

그러자 해적이 대답했다.

"그러는 당신은 어째서 감히 온 세상을 어지럽히는 거요? 나야 배 한 척을 가지고 그 짓을 하니 도둑놈 소리를 듣는 것이고, 당신은 거대한 함대를 이끌고 그 짓을 하니 제왕이라 불리는 것뿐이외다."

어쩌면 지금 우리 시대에 가장 위협적인 해적은 소말리아나 극동 해안에서 암약하고 있는 그들이 아닌 제국주의의 또 다른 이름 '자본주의'일지도 모를 일이다. 수많은 해적들이 사라져갔으나 여전히 체제는 그대로이니 말이다. 그것도 아주 견고하게.

첩보왕
리하르트 조르게

"Espionage, for the most part,
involves finding a person who knows something
or has something that you can induce them
secretly to give to you. That almost
always involves a betrayal of trust."

"첩보 행위의 대부분은 내가 원하는 정보를
알고 있거나 내가 원하는 것을 가지고 있는 사람을 찾아서
그것을 비밀리에 넘기게 하는 것이다.
이런 행위는 언제나 신뢰에 대한 배반을 수반한다."

앨드리치 에임스 Aldrich Ames**(CIA에 근무하며 소련을 위한 스파이 행위를 한 인물)**

폴라드 사건

1985년 미국을 발칵 뒤집어놓은 사건이 있었다. 미국계 유대인인 조너선 폴라드Jonathan Pollad가 미국의 초특급 기밀을 빼내어 이스라엘에 넘긴 바로 그 유명한 '폴라드 사건'이다. 폴라드는 사실 엄친아였다. 아버지는 미생물학 교수였고, 폴라드 역시 스탠퍼드와 터프츠 대학에서 정치와 철학을 전공한 인재였다. 폴라드는 스물다섯 살이 되던 1979년 CIA 취업에 도전했다 낙방했지만 이후 미 해군 정보처와 해군 범죄수사국[1]을 거쳐 해군 대테러 경보센터에서 각종 정보를 취급하게 되

1 NCISNaval Criminal Investigative Service는 미국 드라마의 제목으로도 유명하다.

었다. 여기까지만 보면 미국계 유대인의 '아메리칸 드림' 정도로 보일 수도 있다. 하지만 광적인 시온주의자[2]였던 폴라드는 주미 이스라엘 공군 대령 아비엠 셀라Aviam Selah 대령과 만나게 되면서 미국의 초특급 기밀을 이스라엘에 넘기기 시작했다.

조사 결과 열한 차례에 걸쳐 미국 국가안보처의 암호 체계, 아랍 국가들의 방공망, 중동·동유럽 주재 미국 정보원 리스트[3] 등의 특급 기밀을 넘겨준 것으로 밝혀진 폴라드는 1985년 11월 27일 '뽀록'의 낌새를 눈치 채고 주미 이스라엘 대사관에 아내와 함께 망명을 신청하러 찾아갔다. 하지만 폴라드 부부는 조국이라 믿었던 이스라엘에 시원하게 뒤통수를 맞으며 내쫓기고 말았다. 이스라엘이 미국과의 관계 악화를 우려했기 때문이었다. 결국 폴라드는 부인과 함께 대사관 앞에서 잠복 중이던 FBI에 체포되었다. 체포 당시 60여 건의 기밀 문건을 소지하고 있던 폴라드는 1987년 국가 반역죄와 간첩죄로 종신형(30년이 지나지 않으면 가석방 신청이 불가능하다)을 선고받고 노스캐롤라이나 주에 있는 연방 교도소에 수감되었다.

폴라드는 복역 30년을 맞는 2015년, 추가로 15년을 더 복

2 시온주의 Zionism: 약속의 땅인 팔레스타인에 유대인 국가를 건설 목표로 하는 민족주의 운동. Zion은 다윗의 성지로 알려진 예루살렘의 작은 산이다.

3 정보원 리스트에 대해 이스라엘은 부인했다.

역하는 것이 확정적이었다. 이스라엘이 1995년 폴라드에게 정식 시민권을 주고 오랫동안 사면을 위해 로비를 해왔지만 폴라드가 이스라엘에 넘긴 정보들이 워낙 '특급'이었을 뿐만 아니라 그 정보가 구소련에 흘러 들어가 미국의 안보에 치명적인 손상을 입혔다는 이유로 늘 무시되어왔기 때문이다.

한데 2015년 7월 28일, 미국 정부가 느닷없이 폴라드의 사면을 결정했다.[4] 언론은 폴라드의 사면을 대서특필하면서 이란의 핵 협상이 평화적으로 마침표를 찍자 이란과 앙숙인 이스라엘을 달래기 위한 카드로 폴라드의 사면을 선택했다고 전했다. 폴라드가 한 국가의 반발을 잠재울 수 있는 엄청난 첩보원이었다는 사실이 새삼 증명된 순간이었다. 동시에 우리 시대에 첩보원이 지니는 위상이 어느 정도인지 가늠할 수 있었던 사례였다.

하지만 폴라드는 명함도 내밀지 못하는 진짜 첩보왕이 있다. 제2차 세계 대전의 향방을 바꿔버린 치명적인 첩보원이었고, 첩보 활동만큼이나 여인과의 로맨스에서도 극강이었으나

4 조너선 폴라드는 2015년 11월 20일(현재 시각) 가석방됐다. 미 법무부와 변호사들은 가석방 조건을 공개하지 않았으나 뉴욕타임스에 따르면 미국 정부가 마련한 뉴욕의 주택에 살게 되며, 통행금지 시간이 있을 뿐 아니라 위성항법장치GPS를 부착하게 된다고 한다.

조국의 배신으로 비극적인 최후를 맞은 첩보원 중의 첩보원. 바로 리하르트 조르게Richard Sorge(1895~1944)다.

'총리대신' 조르게

조르게는 정유업 기술자였던 독일인 아버지와 러시아인 어머니 사이에서 1895년 러시아 남부 바쿠에서 태어났다. 조르게는 베를린에서 유년 시절을 보내며 역사, 철학, 문학, 정치학 등에 관심을 보였는데, 특히 정치 문제에 있어서는 어른들도 혀를 내두를 정도의 실력을 갖춘 터라 어린 시절 별명이 '총리대신'이었다. 조르게의 능력도 능력이지만, 카를 마르크스의 개인 비서이자 절친이었으며 1852년 도미해 미국에서 사회주의를 뿌리내린 인물인 조부 프리드리히 아돌프 조르게에게 이어받은 재능도 한몫했을지 모른다. 물론 조르게가 태어날 당시 프리드리히 아돌프 조르게는 곁에 없었다.

조부는 철저한 공산주의자였지만 부친 빌헬름 조르게는 평범한 독일인이었다. 하지만 어려서부터 능력이 출중하고 호기심이 왕성하던 조르게는 당시 제정 독일의 무료한 학교생활에 권태를 느끼고 있었다. 그런 조르게의 가슴을 뛰게 한 사

참전 당시의 리하르트 조르게. 현대 첩보 조직에서는 은밀한 작전에 저해가 된다는 이유로 평범한 외모를 중요 요건으로 따진다. 하지만 조르게는 어디서든 주목받을 만한 잘생긴 외모와 큰 키를 갖추고도 역사상 가장 위험하고 위대한 첩보 임무를 수행했다. 끊이지 않는 로맨스와 함께.

건이 바로 1914년 시작된 제1차 세계 대전이었다. 그해 10월 조르게는 부모와 단 한마디 상의도 없이 독일군에 자원입대해 벨기에 전선에 투입되었다. 당시만 해도 조르게는 그저 피 끓는 애국 청년이었다. 적어도 몇 번의 부상과 요양을 거치며 1915년 철십자 훈장을 받을 때까지만 해도 그랬다. 하지만 연이은 부상[5]과 전쟁이라는 참상의 경험은 조국 독일에 대한 염증으로 이어졌다. 포탄 파편에 맞아 세 번째로 중상을 입고 야전병원에 입원한 조르게는 자신의 인생을 뒤바꾼 첫 번째 여인을 만나게 되었다.

5 조르게는 참전 중 손가락 세 개를 잃고 부상으로 평생 다리를 절었다.

조르게는 자신의 치료를 담당했던 간호사와 관계를 맺고 의사였던 그녀의 아버지를 알게 되면서 제국주의 전쟁의 본질을 깨닫는 한편 공산주의를 탐독하기 시작했다. 그 부녀는 모두 급진적 공산주의자였다. 이를 계기로 조르게도 자연스럽게 공산주의자가 되었다. 1918년 키르 대학 1학년이던 조르게는 패전을 앞둔 키르의 수병들과 병사들이 자살 작전과 다름없는 출격 명령에 항의하며 일으킨 그 유명한 '키르 수병 반란 사건'[6]때 수병들을 위한 비밀 강의를 진행하며 두각을 나타내었다.

이후 조르게는 정치학 박사 학위를 받았고, 독일 공산당 함부르크 지부 훈련반장이 되었으며, 1924년에는 독일 공산당원이 아닌 소련 공산당원이 되었다. 당시 29세의 조르게는 6개국어(독일어, 프랑스어, 영어, 러시아어, 중국어, 일본어)에 능통한 정치학 박사이자 공산주의 유망주였으며 다방면에 박식한 키 큰 미남이었다. 이렇게 준비된 스파이 조르게는 코민테른[7]의 국제연락부(정보 조직)와 소련합동국가정치보위부(KGB의 전신)를

6 키르 수병 반란 사건은 결국 무차별한 진압으로 인해 봉기로 확산되었고, 독일 신정부 수립으로 이어졌다.

7 코민테른Comintern, Communist International은 1919년 러시아 공산당이 설립한 국제 공산당 기구로, 마르크스·레닌주의에 입각해 각국에 공산당 지도부를 두고 혁명운동을 지원했다. 제3인터내셔널이라고도 불린다.

거치면서 지구상에서 가장 치명적인 스파이로 성장해나갔다.

코드명 '람세이'

"리하르트 조르게는 역사상 가장 위험한 첩보원이었다."

– 이언 플레밍(007 시리즈의 원작자)

1928년 모스크바에서 첩보 훈련을 받던 조르게에게 주어진 첫 임무는 바로 미국 영화산업계(캘리포니아)에 교사로 위장해 침투한 뒤 공산주의를 확산시키기 위한 하부 조직을 설립하는 것이었다. 이 임무를 훌륭하게 수행하고 소련에 복귀한 조르게는 그를 눈여겨보고 있던 '소련군 참모본부 정보군' 창설자인 얀 베르친에 의해 정보원으로 발탁되었다.

조르게는 우선 언론인으로 위장해 유럽 각국의 정세를 면밀히 파악하는 한편 정치, 경제, 노동운동 실태 등을 연구했다. 이렇게 완벽한 첩보 활동을 위한 전방위적 기술을 갖춰나가던 조르게에게 동아시아 지역에서의 임무가 떨어지게 된다.

"내가 이 임무를 맡겠다고 결심한 것은 우선 그것이 내

기질에 부합한다고 생각했기 때문이었고, 또 하나는 동양의 새롭고 대단히 복잡한 사정에 마음을 빼앗겼기 때문이기도 했다."

– 리하르트 조르게의 수기 중

조르게는 중국으로 향했다. 상황에 따라 독일과 미국 언론인으로 위장한 조르게는 특유의 친화력으로 많은 이들을 포섭했다. 이 과정에서 조르게는 자신의 두 번째 여인이자 미국 출신 좌익 저널리스트인 아그네스 스메들리Agnes Smedley와 관계를 맺은 뒤 그녀의 소개로 《아사히신문》 기자 오자키 호즈미尾崎秀實를 만나게 된다. 이후 오자키 호즈미는 조르게의 강력한 정보 공급원이 될 정도로 조르게의 포섭력은 최고 수준이었다.

중국에서 첩보망을 구축하고 마오쩌둥과 장제스의 전술, 동아시아와 독일 간의 관계 등에 대한 유용한 정보를 입수한 조르게의 최종 목적지는 일본이었다. 우선 조르게는 일본에서의 원활한 활동을 위해 독일로 이동, 선전당의 나치 고위 간부들과 친분을 맺고 이를 통해 《프랑크푸르터 알게마이네 차이퉁》지의 일본 특파원 자리를 얻었다. 나름 경찰 국가의 위엄을 뽐내고 있던 독일 선전당 수뇌부 그 누구도 그가 '소련 공산당원'이었다는 사실을 알지 못했다. 이렇게 완벽하게 일본의 동맹국인 독일의 언론인으로 신분을 세탁한 조르게는 1933년 특파원 자격으로 도쿄에 상륙했다. 조르게의 위대한 첩보는 이렇게 시작되었다.

위대한 첩보: 제2차 세계 대전의 향배를 바꾸다

1930년 중국에서 활동하던 조르게가 입수한 수많은 정보 중 소련을 경악시킨 것은 독일과 일본의 방공 협정 체결에 관한 내용이었다. 조르게의 첩보가 사실이라면 그것은 곧 옆으로는 독일, 밑으로는 일본에 의해 공산주의가 봉쇄될지도 모른다는 '위기'를 의미했다.[8] 소련은 독일을 위시한 유럽의 상황은 물론, 독일과 동맹을 맺게 될지도 모를 동아시아 정세를 한 큐에 파악할 필요가 있었다. 소련의 선택은 일본이었다. 독일에서는 히틀러에 의해 소련 첩보망이 붕괴된 상황이었던 데다 조르게라는 적임자가 존재했기 때문이었다.

1933년부터 시작된 조르게의 첩보 활동은 제2차 세계 대전이 본격화되던 1941년까지 계속되었다. 첩보 활동 시작 당시

8 조르게의 정보는 정확했다. 1936년 11월 25일 독일과 일본은 소련에 대한 방공 협정에 서명했다.

1940년 일본에서의 조르게. 일본에 대해 일본인들보다 더 방대한 지식을 갖고 있던 그였기에 아무런 의심도 받지 않고 특급 기밀을 빼낼 수 있었다. (출처: 위키피디아)

에는 정보를 본국으로 타전할 독일인 무전기사 막스 클라우젠Max Klausen만이 조르게와 함께였지만, 1941년 일명 '조르게 그룹'이 일본 당국에 검거될 때에는 그 수가 무려 34명이나 되었다. 그중에는 상하이에서 만난 당시 《아사히신문》의 기자이자 고노에 후미마로近衛文麿 수상의 비공식 정책자문이기도 했던 오자키 호즈미, 독일 대사 유진 오트Eugene Ott 대령 등 독일과 일본의 최고급 정보를 취급하는 이들도 포함되어 있었다. 조르게는 이 둘을 통해 일본과 독일의 극비 정보를 취합해 본국에 타전했다. 이미 상하이 활동 당시 독일과 일본의 방공협정 체결에 관한 특급 정보를 입수한 바 있는 조르게는 역사상 가장 위험한 첩보원이라는 명성에 걸맞게 일본에서도 초특급 정보를 입수했다.

제2차 세계 대전의 향방까지 바꿔버린 초특급 정보는 두 가지였다. 하나는 독일이 독소 불가침 조약을 깨고 소련을 침공할 것이라는 정보였고, 다른 하나는 독일의 동맹국이었던 일본이 소련을 공격하지 않고 만주 이남으로 병력을 철수할 것이라는 정보였다.[9] 이 두 가지 정보는 조르게가 독일과 일본을 대상으로 입수한 특급 중의 특급 정보였다. 독일 침공에 대한 정보는 당시 독소 불가침 조약을 신봉한 스탈린에게 무시당했다. 만약 소련이 정확한 침공일[10]까지 제시한 조르게의 정보를 믿고 대비했더라면 제2차 세계 대전은 조기 종영했을지도 모른다.

조르게의 정보를 불신했다가 독일에 일격을 맞은 소련은 일본의 병력 이동에 대한 조르게의 두 번째 정보를 믿지 않을 수 없었다. 결국 소련은 일본의 침공에 대비해 시베리아에 주둔하고 있던 40개 사단을 서쪽으로 이동시켜 모스크바 방어

9 조르게는 독일의 소련 침공 정보를 1940년, 1941년 3월 두 차례에 걸쳐 입수했으며, 일본의 병력 철수 정보는 1941년 10월에 입수했다.

10 조르게는 1941년 6월 20일 독일의 공격이 있을 것이라고 보고했다. 실제로 독일은 기상 악화로 이틀 뒤인 22일 소련을 침공했다.

전에 투입했다. 소련 침공 이후 거침없이 진격해 모스크바까지 둘러싼 독일군이 50년 만에 찾아온 강추위에 살짝 주춤하던 사이에 투입된 시베리아 병력 40개 사단은 결국 독일에게 첫 패배를 안겼다. 히틀러는 소련의 수도인 모스크바를 함락하는 것이 정치적·군사적으로 매우 중요하다고 생각했으나 결국 실패하고 말았다. 그렇게 제2차 세계 대전의 전세는 서서히 뒤바뀌었다. 조르게의 첩보에서부터 그 모든 것이 시작된 것이었다.

이렇게 세계사의 결정적 장면을 만들어낸 코드명 '람세이' 조르게는 1941년 말 일본 내 공산당을 조사하던 일본 헌병대에 의해 정체가 드러나고 말았다. 그즈음 조르게는 일본이 12월 진주만의 미국 군대를 공격, 태평양 전쟁을 개시할 것이라는 내용의 초특급 정보를 입수했지만, 그 정보를 타전하기도 전에 체포되었다. 첩보 활동을 시작한 지 8년 만의 일이었다.

"조르게는 최고 수준의 모험가였지만 행운도 따랐다. 독일 대사의 고문이었기 때문에 일본 경찰의 지나친 의심을 피할 수 있었고 동시에 당시 일본은 이런 수준의 첩보원에게 대처할 준비가 되어 있지 않았다."

– 알렉산더 쿨라노프(러시아 일본학자협회)

왕의 시대: 첩보의 완성 그리고 배신

"언제나 사소한 것들이 문제다. 방첩요원들이 흔히 말하듯이 제아무리 조심성 있는 스파이라 할지라도 바로 인간 본성의 아주 작은 약점들 때문에 치명적인 실수를 저지르게 되는 경우가 적지 않다. 역사상 가장 훌륭한 스파이라고 불릴 만한 리하르트 조르게 역시 매우 인간적인 실수를 저지르는 바람에 자신의 생명을 대가로 치러야만 했다."

– 어니스트 볼크먼, 《20세기 첩보전의 역사: 인물편》

기원전 2000년경 고대 이집트에서 파라오의 명령을 받은 바눕이 적군의 동향을 탐지·보고한 것이 세계에서 가장 오래된

《손자병법》 용간편

향간鄕間: 대상국의 국민을 스파이로 활용

내간內間: 대상국의 관리를 스파이로 활용

반간反間: 대상국의 스파이를 생포, 설득하여 이중 스파이로 활용

사간死間: 적을 기만하기 위해 그릇된 정보를 제공할 목적으로 파견하는 스파이

생간生間: 대상국에 파견되어 정보 활동을 하고 돌아와 보고하는 스파이

첩보 기록으로 알려져 있다. '지피지기 백전불태知彼知己百戰不殆'라며 손자가 《손자병법》에서 용간用間편을 선보인 것이 기원전 500년 전후다. 우리나라 최초의 첩보원이라 불리는 도림[11]이 활약한 시기도 329년이니 무당, 창녀와 더불어 첩보원이 인류 문명에서 가장 오래된 직업 중 하나라 해도 무리는 없을 듯하다.

그렇다면 각종 첩보 활동을 통제하고 관리하는 첩보 기관들의 창설 시기는 언제였을까. 미국의 중앙정보국CIA이 1947년, 영국의 비밀정보국SIS(MI6의 전신)이 1912년, 구소련의 국가보안위원회KGB가 1954년, 이스라엘의 중앙공안정보기관MOSSAD이 1951년에 각각 창설되었으니 영국의 비밀정보국을 제외하고는 모두 1945년 제2차 세계 대전 종결 이후 시작된 냉전 시대의 산물이라 볼 수 있다. 하지만 따지고 보면 오늘날 첩보 기관들의 전신은 대개 20세기 초반에 출범했다. 많은 이들이 20세기를 '첩보원의 시대'라 부른다. 그러나 인류 역사상 가장 위험하고 치명적이었던 첩보원들의 무대는 정확히는 '20세기 초'였다.

1914년 발발한 제1차 세계 대전은 1918년 11월 11일 독일

11 고구려의 장수왕은 백제의 개로왕이 바둑을 좋아한다는 사실을 알고 바둑 고수 도림을 백제로 보내 개로왕의 환심을 산 뒤 백제 내정에 간섭하는 등 고품격 첩보 활동을 선보였다.

이 연합국과 휴전을 맺기까지 병사만 900만 명이 희생된 최악의 참사였다. 하지만 제1차 세계 대전 종결 이후 찾아온 것은 평화가 아니라 제2차 세계 대전이었다. 인류 역사상 가장 많은 인명과 재산 피해를 남긴 전쟁이 다시 시작되는 데 20년이 채 걸리지 않은 것이다. 두 번의 전쟁으로 전사자는 4000만 명에 육박했고, 민간인 희생자를 포함하면 희생자 수는 상상을 초월한다. 게다가 20세기 초는 양차 세계 대전이라는 비극과 동시에 나치와 공산주의 그리고 자본주의가 격돌하던 시기였다. 대외적으로는 전쟁에서 승리해야 했으며, 내부적으로는 체제의 수호가 무엇보다 우선시되는 시대였다. 그 어떤 직업군보다 첩보원이 절실했던 이유다.

첩보원의 역사에 빠지지 않는 이름들이 있다. 최고의 무희이자 독일과 프랑스를 오가며 이중 첩보원으로 활동했던 '마타 하리' 마가레타 젤러Margaretha Zelle(1876~1917), 영국과 독일 사이에서 이중 첩보원으로 활동하며 독일에 영국의 군사력을 과장한 정보를 흘림으로써 히틀러의 영국 침공 계획인 '바다사자 작전'을 단념시킨 역사상 가장 성공적인 더블 크로스 시스템Double Cross System[12]을 수행한 두스코 포포프Duško

12 일명 '역정보 작전'으로 불리는 더블 크로스 시스템은 제2차 세계 대전 당시

Popov(1912~1981), 당시 최고의 기밀 중 하나였던 영국과 미국의 원자폭탄 정보를 소련에 전달한 물리학자이자 첩보원이었던 클라우스 푹스Klaus Fuchs(1913~1988), 영국 첩보계의 거물인 킴 필비Kim Philby를 포섭해 영국의 에니그마Enigma 해독 정보[13]뿐 아니라 수많은 정보를 KGB에 빼돌리게 한 가보르 페테르Gabor Peter(1898~1993). 이들 모두 양차 세계 대전 당시 활약했던 첩보원들이다. 007 시리즈의 원작자로도 알려진 이언 플레밍Ian Fleming(1908~1964), 대문호 어니스트 헤밍웨이Ernest Hemingway(1899~1961), 《달과 6펜스》의 작가 윌리엄 서머싯 몸William Somerset Maugham(1874~1965) 역시 당시 활약했던 첩보원이었다. 하지만 당시 활약한 수많은 첩보원들 가운데 최정점에 서 있던 첩보왕은 조르게였다.

역사상 가장 강력한 정보를 캐낸 조르게는 1941년 말 포위망이 자신을 향해 서서히 좁혀오고 있음을 눈치 챘다. 하지만

영국 국내정보국M15이 비밀리에 운용한 작전으로, 포포프와 같은 이중 스파이에게 조작된 정보를 주고 이를 상대방에게 흘려 교란시키는 작전이다.

13 '수수께끼'라는 뜻의 에니그마는 문자판을 한 번 두드릴 때마다 문자 조합의 가짓수가 무려 40경京에 달하는 독일군의 암호 기계다. 히틀러는 독일인의 도움 없이는 에니그마를 해독할 수 없다고 호언장담했으나 컴퓨터의 아버지라 불리는 앨런 튜링Alan Turing이 참여한 암호해독부대 브레츨리 파크Bletchley Park에 의해 해독되었다.

역사에 이름을 남긴 첩보원들. (좌측 상단부터 시계 방향으로) 마가레타 젤러, 두스코 포포프, 클라우스 푹스, 윌리엄 서머싯 몸, 어니스트 헤밍웨이, 이언 플레밍 (출처: 위키피디아)

그에게는 일본인 무희인 연인이 있었다. 조르게는 일본에서 극비의 첩보 활동을 펼쳐나가는 와중에도 수많은 여인과 관계를 맺은 것으로 알려져 있다. 자신을 신임했던 독일 대사의 부인과도 '썸'이 있었다고 할 정도니 말 다했다. 조르게는 일본 탈출 직전 연인의 집을 찾았다. 그리고 그곳에서 체포되고 말았다. 그때까지만 해도 일본 헌병대는 조르게가 스파이라 확신하지 못했다. 하지만 조르게가 무심코 버린 동료의 쪽지("포위망이 좁혀지고 있으니 서둘러 튀라")로 인해 모든 게 확실해졌다. 1941년 10월 18일, 그렇게 조르게는 첩보원으로서의 활약에 종지부를 찍게 되었다.

일본은 조르게와 그의 조직을 수사한 뒤 소련에 검거된 자국 첩보원과 조르게를 교환하자는 제안을 했으나 소련은 이를 거부했다. 제2차 세계 대전이 막바지로 치닫고 있는 상황에서 이미 조르게를 통해 얻을 만큼 얻었다고 판단했기 때문일 수도 있고, 조르게의 정보를 무시하고 조르게의 충성심을 의심하기도 했던 스탈린이 그의 귀환을 탐탁지 않게 여겼기 때문일 수도 있다. 조르게는 조국이라 믿었던 소련을 위해 가장 위험한 첩보 활동을 가장 완벽하게 수행해냈지만, 결국 그 조국에 배신당하고야 말았다. 언제든 애국을 이유로 포섭하기도 배신하기도 했던, 인류 역사상 가장 위험하고 비정했던 시대였다.

1944년 11월 7일 조르게는 자신의 수기에서 "해박하고 판단도 확실한, 정보에 확신이 없을 때는 의지하기도 했던, 직접적인 정보의 공급원이자 빚진 게 너무 많은 이"라고 표현한 오자키 호즈미와 함께 이치가야 형무소에서 비밀리에 처형되었다. 처형 직전 조르게는 일본어로 소비에트, 적군, 공산당 따위의 말을 두 차례 반복했다고도 하고, 나지막이 "나무아미타불"을 두 번 읊조렸다고도 한다. 그가 마지막으로 무슨 말

1964년 소련이 조르게의 공적을 인정하고 이듬해에 발행한 우표(좌, 1965년)와 그의 고국이었던 동독에서 발행된 우표(우, 1976년)

을 했는지는 정확하지 않다. 처형이 집행된 11월 7일이 러시아 혁명 기념일이라는 것만이 확실할 뿐이다.

가장 위험한 격변의 시대에 가장 치명적인 정보를 빼돌린 조르게는 체포 당시 이렇게 말했다고 한다. "일본에서 내가 더 이상 빼낼 정보는 없다." 필요한 모든 것을 쟁취한 역사상 가장 유능하고 위험했던 첩보원임을 다시 한 번 증명한 순간이었다.

조르게는 1944년 형장의 이슬로 사라졌다. 그의 사진이 박힌 기념우표가 발행되고, 제2차 세계 대전의 판세를 뒤집은 소련의 위대한 영웅이 되기까지 25년의 시간이 걸렸다. 도쿄에 있는 조르게의 무덤에는 늘 꽃이 놓여 있다고 한다. 조르게가 일본과 소련의 전쟁을 막기 위해 활약했다고 인식하는 일본인들이 있기 때문이다.

조국이라 믿었던 소련의 배신으로 목숨을 잃은 리하르트 조르게. 조국이라 믿었던 이스라엘의 배신으로 30년간 옥살이를 한 조너선 폴라드. 한 세기가 지났음에도 비정하고 냉혹한 첩보전은 여전히 비슷한 모습으로 계속되고 있다. 조국과 애국이라는 미명 아래 온갖 불법적인 방법들이 아무렇지도 않게 동원되면서 말이다.

처형왕
미카엘 세르베투스

"The most heinous and the most cruel crimes of which history has record have been committed under the cover of religion or equally noble motives."

"역사에 기록된 가장 극악하고 잔인한 범죄들은 종교 또는 그와 유사한 숭고한 동기의 미명 아래 행해져 왔다."

마하트마 간디 Mahatma Gandhi

종교의 자유

1941년 1월 6일 프랭클린 루스벨트는 그 유명한 '네 가지 자유'를 언급한 연두교서를 발표했다. 그는 언론과 표현, 종교, 결핍, 공포로부터의 자유를 실현함으로써 우리의 안전한 미래를 보장받을 수 있다고 강조했다. 이 네 가지 자유는 '인권'을 향해 던지는 매우 강력한 메시지로 인정받기도 하지만 공포, 즉 국가의 물리적인 공격으로부터의 자유를 언급함으로써 제2차 세계 대전 참전 동의라는 정치적 목적을 위해 인권을 동원한 사례로 비판받기도 한다.[1] 루스벨트가 권투와 사냥

1 당시 '남 일에 개입 안 한다'는 고립주의를 표방하던 미국은 루스벨트의 연두교서 직후 70억 달러의 지출을 승인하는 무기 대여법Lend-Lease Act을 통과

을 좋아하는 매우 호전적인 정치인이었으며 미국 대공황 당시 뉴딜 정책을 추진하며 사회주의 사상을 혹독하게 탄압했던 장본인이라는 사실, 제2차 세계 대전의 군수기지 역할[2]을 통해 대공황 극복이라는 꿀을 빨며 호시탐탐 참전을 저울질하던 당시 미국의 정황이 그러한 비판의 근거로 제시되곤 한다.

루스벨트의 네 가지 자유는 발표 이후 1948년 세계 인권 선언에 반영되는 등 우리 사회에서 기본적으로 보장받아야 하는 필수 자유로 자리매김했다. 하지만 선언과 실현은 엄연히 달라서 기본적인 자유를 모두 평등하게 보장받고 있느냐 물으면 선불리 대답하기 힘든 게 현실이다. 2016년 뜬금없이 네 가지 자유 중 유독 '종교의 자유'가 주목받기 시작한 것처럼 말이다. 근원지는 바로 21세기를 대표하는 강대국인 중국과 미국이었다.

> "공산당원은 굳건한 마르크스주의 무신론자가 되어야 하며 절대로 종교에서 자신의 가치관과 신념을 추구해서는

시켰다.

2 미국은 영국을 비롯한 우방국에 무기를 공급한 것은 물론이고 중립국 스페인을 통해 나치에도 석유를 공급했다. 자크 파월은 자신의 책《'좋은 전쟁'이라는 신화》에서 미국 기업들의 연료 공급이 없었다면 독일의 모스크바 진격도, 네덜란드·프랑스와의 전격전도 성공할 수 없었을 것이라 말했다.

안 된다. 외부 세력이 종교를 이용해 (중국에) 침투하는 것을 단호히 막아내겠다."

중국의 시진핑 주석은 '전국종교공작회의'[3]에서 종교의 자유에 대한 거부 의사를 표명했다. 이에 언론은 중국 법에도 명시된 종교의 자유를 부정하는 이 강력한 발언이 중국 내부의 기독교 단속에 이은 후속 조치라 보도했다. 시진핑의 발언과 중국 당국의 조치는 단순히 종교에 대한 억압의 결과라 단정할 수도 있지만, 종교를 대하는 중국의 태도는 종교가 권력·정치와 긴밀하게 연관되어 작동한다는 사실을 시사하기도 한다. 다시 말해 종교가 곧 권력이고 정치였던 참혹했던 시기가 중세와 산업화 초기에 그치지 않고 우리 시대에도 여전히 종교의 이름으로 차별과 대립을 되풀이하고 있다는 것이다. 전 세계 대다수 국가가 '종교의 자유'를 법에 떡하니 명시해놓았음에도 불구하고 말이다. 예를 찾는 건 어렵지 않다. 가깝게는 '이슬람 척결'을 부르짖는 한국의 한 정당에서, 여전히 종교의 이름으로 대립하고 있는 세계 곳곳에서, 그리고 가장 첨예하

3 2016년 4월 22~23일 베이징에서 열린 전국공작회의는 전국부장회의와 더불어 중국 최고위급 회의로 5년(이상)마다 한 번씩 개최된다.

게 극한으로 내닫고 있는 중동지역에서 확인할 수 있다. 이런 와중에 이해 못 할 행보를 보인 것이 다름 아닌 미국이다.

미국은 종교의 자유를 세계만방에 선포한 국가답게 1998년 10월 종교의 자유가 우려되는 국가를 지정하고 외교 및 경제적 제재를 가하겠다는 '국제종교자유법'을 의회에서 통과시켰다. 미국 대통령은 이 법안을 통해 최악의 경우 외교 단절까지 선언할 수 있으나 미국은 중국을 향해 아무 말도 하지 않았다. 오히려 국제종교자유법에서 '국제'를 뺀 '종교자유법'을 각 주정부와 지방자치단체들이 제정·추진하면서 논란을 불러일으켰다. 2016년 4월 미시시피 주는 민간 기업 고용주는 물론 공공 기관까지 종교적 신념에 따라 동성 커플에 대한 서비스와 고용을 거부할 법안을 발표했다. 이처럼 종교자유법은 종교적 신념과 자유를 빌미로 성소수자를 차별하는 수단으로 활용되고 있다. 인권 단체들은 물론 미국을 대표하는 몇몇 기업[4]과 프로스포츠 단체들[5]까지 반대 및 투자 철회, 경기 취소 등으로 항의하자 보수의 아성이라 불리는 조지아 주처럼 주

4 애플, 구글, 페이스북, IBM, 우버, 트위터 등의 IT 기업뿐 아니라 코카콜라, 디즈니, 매리엇, 시티뱅크, 뱅크 오브 아메리카 등의 기업들이 항의하고 투자 취소를 선언했다.

5 미국프로풋볼NFL 사무국과 전미대학체육협회NCAA 등이 종교자유법이 시행되는 주를 경기 및 결승전 유치에서 제외할 수 있다고 항의했다.

지사가 거부권을 행사한 경우도 있으나 이미 종교자유법은 21개 주(2016년 3월 기준)에서 시행되고 있다. 남의 나라 '종교의 자유' 타령을 할 만한 여유도 자격도 미국에게는 없는 것이다. 하지만 시간을 살짝 거슬러 올라가면 종교의 이름 앞에서 그 무엇도 거부할 수 없었던 시대가 있었음을 확인할 수 있다.

중세를 대표하는 영웅 중 한 명인 잔 다르크를 보자. 영국과 프랑스가 왕위 계승, 영토 문제를 두고 1337년부터 1453년까지 치른 백년 전쟁의 영웅은 바로 잔 다르크였다. 16세의 나이에 참전한 잔 다르크는 연이은 승리로 프랑스를 구했다. 하지만 권력과 정치는 잔 다르크를 죽음으로 내몰았다. 프랑스의 샤를 7세[6]와 귀족들은 잔 다르크의 업적과 유명세를 시기하고 두려워하여 참전 중인 잔 다르크를 지원하지 않았고, 결국 잔 다르크는 콩피에뉴 전투에서 영국에 생포되고 말았다.

프랑스의 국민 영웅인 그녀를 처형했다간 프랑스의 극렬한 저항에 부딪힐지도 모른다는 불안감에 사로잡혀 있던 영국의 꼼수는 '종교재판'이었다. 성직자도 아닌 주제에 프랑스를 구하라는 천사의 계시를 받아 참전했다는 이유로 잔 다르크에

6 프랑스의 샤를 7세가 무사히 대관식을 치를 수 있었던 것은 잔 다르크의 활약 덕분이었다.

게 악마, 마녀의 혐의를 씌워 처형하면 프랑스도 이해할 것이라는 판단이었다. 중세는 이런 말도 안 되는 판단이 가능했던 시대였다. 그렇게 잔 다르크는 19세의 나이에 프랑스 노르망디에 있는 루앙 광장에서 화형당했다.

명분은 종교재판이었으나 엄연히 프랑스와 영국의 권력과 정치가 개입한 처참하고 비열한 처형이었다. 당시 이런 식의 종교재판을 통해 이단, 악마로 낙인찍혀 처형당한 이들이 수십만 명에 이른다. 이렇게 종교와 권력은 서로를 돕고 혹은 견제하며 돈독한 관계를 유지해나갔다. 그나마 잔 다르크는 백년 전쟁이 끝난 1456년 그녀를 죽음으로 내몬 샤를 7세에 의해 마녀 혐의를 벗고 명예가 회복되었고, 1920년에는 로마 교황청에 의해 '성인'으로 추대라도 됐다. 대부분의 희생자는 온갖 고문을 받고 잔인하게 처형당하며 이름도 없이 사라져버렸을 따름이다.

여기 종교의 자유는커녕 종교재판을 바탕으로 합법적이고 잔인한 처형을 일삼던 시대에 겁도 없이 종교에 반하는 발언과 표현을 서슴지 않다가 결국 자신의 쓴 원고에 홀랑 타 죽은 사나이가 있다. 스페인 출신의 신학자이자 스페인 역사상 가장 위대한 의학자로 꼽히는 미카엘 세르베투스Michael Servetus(1511~1553)다.

미카엘 세르베투스

1553년 10월 27일 스위스 제네바 샴펠Champel 광장. 훗날 한 역사가가 '인간 역사상 가장 위대한 지성인 가운데 한 사람으로 세계 문화에 기여한 인물'이라 평한 미카엘 세르베투스를 기다리고 있었던 것은 다름 아닌 화형식이었다. 세르베투스는 재판관이 '악령이 깃들었다'고 지적한 자신의 원고에 붙은 불길에 의해 천천히 그리고 고통스럽게 삶을 마감했다. 세계 문화에 기여한 인물이 화형을 당한 이유는 간단했다. 바로 자신의 생각을 주저 없이 말하고 썼다는 것. 단지 그 때문이었다.

스페인 통일의 결정적 장면으로는 1469년 아라곤의 왕자였던 페르난도 2세와 카스티야의 왕녀인 이사벨라의 결혼을 꼽을 수 있다. 결혼 후 10년이 지나 두 왕국이 하나로 통합됐기 때문이다. 통합된 왕국의 최고 권력이 된 이 부부의 다음 목표는 종교 통일이었다. 페르난도 2세와 이사벨라는 훗날 '가톨릭의 왕들'이라 불릴 만큼 열성적인 가톨릭 신도였다. 300년 동안 무슬림, 그리스도인, 유대인들이 서로 협력하며 공존했던 이베리아 반도의 평화는 순식간에 무너졌다. 일방적이고 무리한 통합에는 이성을 가장한 비이성과 폭력이 따르기 때문이다. 무조건적인 가톨릭 개종을 요구했고, 받아들이지

미카엘 세르베투스의 화형장면. 세르베투스의 몸은 그가 쓴 원고와 함께 타들어 갔으며, 그의 마지막 말은 "Jesus, Son of the Eternal God, have mercy on me.(예수님, 영원한 하느님의 아들, 저에게 자비를 베푸소서.)"라고 알려져 있다.

않으면 추방했다. 무고한 사람이 악마가 되는 것은 그리 어렵지 않았다. 개종을 받아들이지 않고 떠나지도 않으면 악마가 됐다. 아니, '너 악마' 하면 악마가 되는 단순무식한 시대였다.

1478년 교황 식스투스 4세의 승인과 스페인 국왕의 칙령을 통해 설립된 종교재판소가 스페인 종교 단일화의 태스크포스 역할을 수행했다. 초대 종교재판소장에는 유대인 가문 출신으로 유대인들은 물론 다른 이교도들을 밥 먹듯이 처형한 토마스 데 토르케마다Tomás de Torquemada가 임명되었다. 인류 역사상 가장 악명 높은 종교재판, 마녀 사냥이 종교 단일화란 이름으로 시작된 것이다. 물론 이러한 분위기는 스페인에 국한된 것이 아니라 중세 전체를 관통하는 흐름이었다.

페르난도·이사벨라 부부 왕실의 스페인 통일과 종교재판을 통한 종교 단일화, 콜럼버스의 신대륙 발견[7]이라는 충격과 공포가 절정을 찍고 난 1511년 9월 29일 세르베투스는 스페인 비야누에바Villanueva에서 태어났다. 당연히 부모님은 물론 두 동생 모두 신앙심이 깊은 가톨릭 신자였다. 어린 세르베투스는 수도원에서 공부를 시작하며 명석함을 뽐냈다. 그리스어, 라틴어, 히브리어 등의 언어뿐 아니라 철학, 수학, 신학 등 다양한 과목에서 재능을 보였다. 대학 진학을 고민하던 세르베투스는 평소 관심을 두고 있던 법학 공부를 위해 프랑스 툴루즈Toulouse 대학에 진학했다. 이때 세르베투스는 운명과도 같이 성서를 전권 탐독할 기회를 얻었다. 세르베투스는 성서 원문을 읽고 연구할 수 있을 만큼 언어에 탁월한 재능이 있었고, 당시에는 성서를 읽는 것이 금지되어 있던 터라[8] 성서 탐

7 콜럼버스는 스페인 왕실과의 후원 협약을 통해 1492년 10월 12일 아메리카 대륙을 발견했고, 이 발견은 인류 역사상 최대의 인종 학살로 이어졌다.

8 프랑스 리옹Lyon의 페트뤼스 발데스Petrus Valdes가 성서대로 믿고 살 것을 주장하며 교회의 부패를 비판하고 자신의 전 재산을 들여 성서 번역과 보급에

독에 더욱 매료되었다. 게다가 종교를 둘러싼 주변 상황과 경험이 그를 종교의 심연으로 더욱 깊숙이 끌어들였다.

어린 시절 스페인 황제 카를 5세의 고해 사제인 후안 데 킨타나의 시동侍童으로 활동했던 세르베투스는 당시 스페인에서 벌어진 종교 단일화란 이름의 폭력과 1517년 마르틴 루터가 교회의 면죄부 판매를 비판하며 발표한 95개조 반박문으로부터 불기 시작한 종교개혁을 경험했다. 종교재판과 종교개혁이 세르베투스에게 화약이었다면, 1520년에 거행된 카를 5세의 대관식은 뇌관이었다. 카를 5세의 대관식에 참여한 세르베투스는 황제가 교황의 발에 입을 맞추는 장면 등을 보며 허세와 사치로 포장된 종교에 환멸을 느끼기 시작했다. 종교를 향한 세르베투스의 깊은 '빡침'은 그렇게 시작되었다.

세르베투스는 사제직을 버리고 후안 데 킨타나의 곁을 떠났다. 1528년 툴루즈 대학에 입학한 세르베투스가 언제 떠났는지는 명확하지 않다. 다만 그가 새롭게 정착한 곳은 독일의 아우크스부르크Augsburg로, 그곳에서 세르베투스는 마르틴 부

앞장서자 이에 위협을 느낀 로마 교황청은 1229년 발렌시아 공의회에서 페트뤼스 발데스와 그의 추종자를 이단으로 규정하고, 평신도나 하층 성직자가 성서를 읽지 못하도록 금서로 지정해버렸다. 이후 마르틴 루터에 의해 시작된 종교개혁으로 모두가 성서를 읽을 수 있게 됐다.

처Martin Butzer, 요한 불링거Johann Bullinger, 울리히 츠빙글리Ulrich Zwingli 등의 종교개혁가들을 만나 교류했다.[9] 그리고 1531년 자신을 종교재판소의 제1표적에 등극케 한《삼위일체론의 오류에 대하여》를 출간해 기독교의 핵심 교리인 삼위일체론은 물론 유아 세례에 대해서도 문제를 제기했다. 그런데 이러한 문제 제기는 당시에 절대로 하지 말아야 할 것이었다.

삼위일체론은 성부(하느님), 성자(예수), 성령(하느님과 예수의 영)이 세 위격으로 존재하지만 본질은 하나의 신, 즉 하느님이라는 기독교의 핵심 교리다. 하지만 여전히 논란이 계속되고 있으며, 종교적 믿음을 들어내면 언뜻 이해하기 힘든 교리이기도 하다. 삼위일체는 성서에는 구체적으로 언급되지 않는 내용이나 훗날 자신들이 모시는 신의 본질을 규정하기 위해, 하느님과 예수의 관계를 규명하기 위해, '하느님도 신이고 예수도 제우스의 아들 아폴로처럼 신이면 유일신 사상에 어긋나지 않는가?' 같은 질문에 답하기 위해 등장했다. 삼위일체, 즉 하나(일체)라는 논리를 통해 하느님(신)이 실체(예수)로 존재하기도 하고, 예수(실체)가 곧 신(하느님)이 되기도 하는 기

9 당시 아우크스부르크는 수많은 종교개혁가들이 모여드는 핫플레이스였으며, 세르베투스는 필립 멜랑흐톤Philip Melanchthon과 마르틴 루터와도 만났다고 전해지고 있으나 얼마나 친분이 있었는지는 명확하지 않다.

독교의 강력한 교리가 된 것이다.

그런데 겁도 없이 세르베투스가 이 교리를 부정하고 나선 것이다. 세르베투스는 성서에 삼위일체에 대한 내용이 없고, 유일한 신은 하느님뿐이라고 말했으며, 삼위일체를 믿는 이들을 무신론자라 부르기도 했다. 그리고 하느님과 기독교의 진리를 이해할 수도 없는 유아에게 세례를 줌으로써 종교가 더렵혀지고 있다며 유아 세례에도 반대하고 나섰다. 같은 신을 공유하고 있는[10] 이슬람과 유대교도 삼위일체를 인정하지 않으며, 침례교와 재세례파 등은 유아 세례를 거부한다. 하지만 세르베투스는 중세를 살아가는 일개 개인이었다. 그의 문제 제기는 '날 좀 죽여줍쇼' 하고 광고하는 것이나 마찬가지였다.

세르베투스는 《삼위일체론의 오류에 대하여》로 인해 위협을 받게 되자 자신의 주장을 철회할 것을 약속하고는 이듬해인 1532년 《삼위일체론의 오류에 대하여》와 크게 다를 바 없는 논조의 《삼위일체에 대한 두 대화》를 출간하는 웃지 못할 배짱을 선보였다. 시대는 기다렸다는 듯 그에게 '이단'이라는 낙인을 찍었고, 세르베투스는 더 큰 위기에 봉착하게 되었다. 당시 이단은 곧 반역이었기 때문이다. 세르베투스는 결국 자

10 유대교, 이슬람교, 기독교는 모두 '야훼' 혹은 '알라'라 불리는 유일신을 믿고 아브라함을 조상으로 여긴다.

신의 고향 이름에서 착안한 미카엘 비르누브Michael Villeneuve라는 가명으로 은둔 생활을 시작했다.

세르베투스는 10년이 넘는 불안한 은둔 기간 동안 '세계 문화에 기여한 인물'이란 명성에 걸맞은 행보를 보였다. 그는 프랑스 리옹에 정착한 뒤 생계를 위해 출판사에서 편집자로 활동하며 자신에게 '비교 지리학의 아버지'란 칭호를 선사해준 《지리학》[11] 개정판을 발간하고, 2년 만에 의학 박사 학위를 받은 능력을 바탕으로 《시럽에 관한 논문》을 발표해 약제에 대한 새로운 접근법을 제시했다. 그런 능력 덕에 비엔나 대주교 교구에 개인 주치의로 초청받기도 했고, '피의 폐순환'을 최초로 기술하기도 했다.[12] 이렇게 은둔자로서는 상상도 못 할 업적을 성취한 세르베투스였지만, 그에게 허용된 평화는 그리 길지 않았다. 그가 자초한 면도 분명 있었다. 종교개혁의 아이콘 중 한 명인 장 칼뱅Jean Calvin이 1536년에 발표한 《기독교 강

11 고대 그리스의 천문학자이자 수학자였던 프톨레마이오스가 저술한 것으로 숱한 오류에도 불구하고 많은 영향을 끼쳤으며, 콜럼버스가 엉뚱하게도 신대륙을 발견하게 되는 근거이기도 했다. 프톨레마이오스는 천동설을 주장한 대표적인 인물이다.

12 피가 심장이 아닌 폐를 통해서 순환한다는 이 발견은 1553년 세르베투스의 책 《기독교 회복》에 기술되었고, 피의 폐순환을 발견한 최초의 사례로 불리기도 한다.

요》에 대한 반론인 《기독교 회복》을 출간했기 때문이다.

루터와 함께 종교개혁의 양대 산맥 혹은 프로테스탄트(개신교)의 정신적 지주라 불리는 칼뱅은 1536년 어린 나이에 기독교의 핵심 교리와 가톨릭의 문제점을 지적한 《기독교 강요》를 쓰는 능력을 과시했다. 아이러니하게도 칼뱅과 세르베투스는 동갑이었고, 세르베투스가 가명으로 은신했던 것처럼 칼뱅도 여러 이름으로 살았다. 그들의 공통점은 그뿐만이 아니었다. 그 둘에겐 가톨릭 신자였으나 대학 시절 성서를 공부하며 가톨릭의 권위를 의심하기 시작했다는, 중세의 숙명과도 같은 공통점도 있었다. 비르누브라는 가명으로 살아가던 세르베투스가 종교개혁가로서의 명성을 서서히 떨치기 시작한 동갑내기 칼뱅에게 접근한 것은 거부할 수 없는 운명이었는지도 모른다. 결국 1546년 세르베투스는 자신의 《기독교 회복》 원고를 칼뱅에게 보내는 등 수차례 서신을 교환했다. 하지만 결정적인 사건은 1553년 엄한 곳에서 터지고 말았다.

앤트완 아르네이Antione Arneys와 기욤 드 트리Guillaume De Trie라는 사내가 있었다. 그들은 사촌지간으로 아르네이는 가톨릭, 드 트리는 개신교 신자였다. 아르네이는 드 트리를 개신교에서 가톨릭으로 개종시키고 싶었다. 하지만 개종을 향한 아르네이의 욕망보다 개신교에 대한 드 트리의 확신이 더욱 강했다. 가톨릭은 이미 부패의 정점을 찍었고, 그로 인해 종교개혁의 바람이 불고 있던 시기였다. 게다가 드 트리는 칼뱅의 측근이기도 했다. 드 트리는 개종을 요구하는 아르네이의 서신에 반박하며 답장을 통해 세르베투스의 존재를 알렸다. 고작 이단(세르베투스)도 색출해내지 못하는 주제에 개종 따위는 요구도 하지 말라는 일종의 경고였다. 확실한 물증도 함께 보냈다. 바로 세르베투스가 칼뱅에게 보낸 《기독교 회복》의 원본 일부와 은둔하고 있는 세르베투스의 정체에 대한 내용이었다.

《기독교 회복》은 세르베투스의 신학적 견해의 완성과도 같았다. 이 책에는 세르베투스의 기존 견해는 물론이고 칼뱅에

프랑스의 종교개혁가 장 칼뱅은 개신교의 바이블이라 할 수 있는 《기독교 강요》를 집필하고, 제네바에서 종교개혁에 성공하여 신정정치神政政治 체제를 수립했다. 동시에 강력한 경건주의(예컨대 예배 도중 졸거나 세례식 때 하품하면 구속)를 밀어붙이는 등 개인이 신 앞에 복종하며 욕망을 자제하고 신이 제시하는 대로 살 것을 주문했다.

게 받은 서신들도 포함되어 있었다. 《기독교 회복》은 1553년 1월에 출간되었고, 아르네이와 드 트리의 서신 교환은 그해 2월부터 시작됐다. 가톨릭 신자였던 아르네이가 드 트리에게 받은 편지를 가톨릭 인사들에게 전달한 것은 당연한 결과였다. 이로 인해 세르베투스의 정체가 드러나 종교재판에 회부되고 결국 비엔나에서 검거되기에 이르렀다. 《기독교 회복》이 막 출간된, 많은 이들에게 관심을 받지 못하던 상황에서 드 트리의 답장이 결정적인 역할을 했다.[13] 하지만 종교를 비롯해 다양한 영역에서 존재감을 드러냈던 세르베투스의 능력은 다시 한 번 그 진가를 발휘했다. 이번에 그가 선보인 것은 다름 아닌 '탈옥'이었다.

재밌는 사실은 그가 탈옥했음에도 불구하고 증인과 증거를 바탕으로 심문이 계속 진행되었다는 점이다. 종교재판소는 《기독교 회복》을 이단 출판물로 규정하고, 1553년 6월 17일 《기독교 회복》 다섯 궤짝에 불을 붙여 탈옥한 세르베투스 대신 세르베투스를 본뜬 인형을 태우는 화형식을 진행했다. 당

13 세르베투스 지지자들은 드 트리의 서신을 통해 세르베투스가 칼뱅에게 개인적으로 보낸 서신이 전달된 것 자체가 칼뱅의 의도가 담긴 것이라며 드 트리의 서신 자체가 칼뱅의 의견을 대필한 것이라는 의혹을 제기한다. 하지만 칼뱅은 전혀 의도하지 않았으며, 서신은 드 트리의 협박에 못 이겨 제공한 것일 뿐 대필은 억지라는 칼뱅 지지자들의 주장이 팽팽히 맞서고 있다.

시 세르베투스는 비엔나에서 자신의 화형식을 몰래 지켜보고 있었다고 전해진다.

세르베투스는 3개월 뒤 제네바에서 또다시 검거되었다. 제네바의 성 피에르 교회에서 열린 칼뱅의 선교회에 버젓이 참석했기 때문이었다. 세르베투스는 비엔나에 이어 제네바의 종교재판소 피고인석에 또다시 서게 되었다. 재판은 두 달여 동안 진행되었고, 제네바는 자매결연을 맺은 네 도시(취리히, 베른, 바젤, 샤프하우젠)에 자문을 구하기도 했다. 하지만 세르베투스가 서 있던 곳은 그 누가 서 있더라도 마음만 먹으면 '이단'으로 규정할 수 있는 종교재판소였고, 네 도시의 결론 역시 '사형'이었다. 게다가 세르베투스는 이미 화형이 집행된 바 있는 이단 중의 이단이었으니 결과는 검거와 동시 예견된 것이나 다름없었다. 세르베투스에게는 또다시 화형이 선고되었다. 칼뱅이 의회 쪽에 감형을 요청했다는 주장도 있으나 칼뱅도 모를 리 없었다. 자신이 내준 원고와 제네바 종교재판소에서 한 자신의 증언이 어떤 결과를 불러올지 말이다.[14]

14 이 부분에서도 칼뱅 지지자들과 세르베투스 지지자들의 의견이 엇갈린다. 칼뱅 지지자들은 칼뱅이 감형을 요청하는 등 관용을 베풀었다고 주장하고, 세르베투스 지지자들은 칼뱅이 '불 속에서 저주나 받으라'며 화형을 옹호했다고 주장한다.

1553년 10월 27일 샹펠 광장. 이미 몇 달 전 자신을 닮은 인형이 그러했듯 그는 자신의 원고 더미 위에서 서서히 타들어갔다. 종교의 힘이 가장 막강했던 시기에 종교를 향해 가장 자유롭게 의견을 제시했던 세르베투스는 불붙은 자신의 원고와 함께 중세에 작별을 고했다. 종교개혁가인 칼뱅에게 세르베투스의 화형은 그의 명성에 깊이 박힌 오점이었다. 종교개혁은 본디 영적·종교적 자유를 위한 운동이라 할 수 있기 때문이다. 세르베투스가 화형당한 지 350년이 지난 1903년 10월 27일 칼뱅의 후학들은 세르베투스가 화형당한 바로 그 자리에 속죄비를 세우며 이런 비문을 남겼다.

> "위대한 종교개혁가인 칼뱅을 존경하는 후손들은 개혁과 복음의 참된 원칙에 따라 양심의 자유를 거슬러 행한, 그 시대의 실수이기도 한 그 실수를 정죄하면서 이 속죄비를 세운다."

왕의 시대: 종교가 곧 권력이던 중세

기원전까지 거슬러 올라가는 저 옛날, 로마 제국에는 다양한 신과 다양한 종교가 존재했다. 그리스 신화가 곧 종교이기도 했고, 이집트와 중동 신화가 곧 종교이기도 했다. 와인의 신 바쿠스를 섬기며 폭음을 하고 파티를 즐기면 그게 곧 종교이던 자유로운 시대였다. 이런 다양성에 대한 자유와 존중은 당시의 찬란한 문명을 가능케 했다. 당시 기독교는 수많은 종교 중 하나로, 가장 처참한 극형인 십자가형에 처한 이를 신으로 모시는 종교였다.

서기 64년 로마에 큰 화재가 발생하자 당시 황제였던 네로 클라우디우스는 그 책임을 가장 만만해 보였던 기독교도들에게 물었다.[15] 문제는 그 책임을 묻는 방식이 네로답게 너무나 잔인하고 극악무도했다는 점이다.[16] 그럼에도 종교를 버리지 않았던 기독교도들을 보며 기독교를 향한 동정과 관심이 생겨났고, 이를 바탕으로 기독교는 빠르게 확장할 수 있었다. 네로의 비이성적인 폭력이 만들어낸 기독교의 확장은 결국 로마의 몰락과 기독교의 권력 접수로 이어졌다. 이후 하느님만이 유일한 신인 일신교의 특징과 '모든 것이 신의 뜻'이라

15 당시 로마 화재의 범인이 기독교도들이었는지, 네로의 자작극이었는지는 명확히 밝혀지지 않았다.

16 기독교인들을 나무 기둥에 묶어놓고 산 채로 짐승에게 먹이거나 저녁에 산 채로 불태워 인간 횃불로 사용하기도 했다.

는 맹신이 권력과 결합하면서 비이성적인 종교 시대인 중세의 막이 열렸다.

세르베투스가 살다 간 40여 년의 짧은 시간은 우리가 흔히 말하는 중세의 끝물이었다. 서로마 제국이 멸망한 476년부터 동로마 제국이 멸망하는 1453년까지 1000년의 시간을 일컫는 중세는 종교에 기반을 둔 봉건 시대였다. 종교가 시대를 장악하기 위해서는 강력한 동력이 필요했다. 그 동력은 말이 성지[17] 탈환이지 사실은 다른 문명에 대한 몰이해와 무관용, 선과 악의 이분법적 사고를 통한 권력 유지의 산물이었던 십자군 원정과 종교재판이었다.

종교가 곧 권력이요, 권력자가 곧 신인 시대가 도래한 이후 이단에 대한 처형이 본격적으로 시작됐다. 비이성적인 이단 규정과 처형은 종교재판을 통해 체계화되었다. 534년에는 일반 법정에서 이단과 반역을 동일시해 처벌 및 사형이 가능하도록 성문화한 유스티니아누스 법전Corpus Juris Civilis이 등장했고, 1184년 교황 루시우스 3세는 이단은 물론 이단을 도운 이들도 동일한 처벌이 가능하다는 칙서를 내렸다.

17 십자군이 탈환하고자 했던 예루살렘은 모세와 아브라함, 노아 등 구약성서의 주요 등장인물과 많은 예언자를 공유하는 기독교, 이슬람교, 유대교 공통의 성지다.

파테Patee 십자가, 용맹함 등의 이미지로 남아 있는 십자군 원정은 학살과 약탈의 또 다른 이름이었다. 1096년 1차 십자군 원정을 시작으로 1291년까지 무려 200년간 진행된 십자군 원정은 중세 유럽의 주적이었던 무슬림과 유대인을 약탈·학살하고 문화유산을 파괴했다. 그뿐 아니라 원정에 거슬리는 모든 이들을 인종, 종교와 상관없이 학살했다. 사진은 영화 《킹덤 오브 헤븐Kingdom of Heaven》의 한 장면.

십자군 원정의 허망한 실패가 종교재판을 더욱 부추기기도 했는데, 그 예가 바로 알비장스 십자군으로 불리는 4차 십자군 원정이다. 프랑스 남부 알비Albi에 거창하고 웅장한 교회 의식을 배제하고 정신적인 신앙생활을 강조한 카타리파Cathari가 번성하자 교황청은 이들을 교화시키기 위해 사절단을 보냈다. 카타리파가 이를 거부하고 사절단을 죽이자 교황 인노켄티우스 3세는 십자군을 결성해 이단 척결을 내세우며 공격을 감행했는데, 성지 탈환과 아무런 상관없는 잔혹한 학살이 무려 20년간 계속되었다. 당시 이 원정을 이끌었던 시토회 수도원장 아르날두스 아말리키Arnaldus Amalrici는 이단을 어떻게 구분하느냐는 질문에 이렇게 답했다.

"모두 죽여라. 그러면 하느님이 구분하실 것이다."

이를 계기로 체계적인 이단 심문과 종교재판소가 등장해 악명을 떨치기 시작했고, 1486년 이단의 입증과 마녀의 규정, 그들의 체포와 판결에 대한 교과서인 《마녀의 망치》[18]가 등장해 중세를 아비규환으로 만드는 데 결정적인 역할을 했다.

가장 악명 높은 종교재판의 성지는 세르베투스의 고국인 스페인이었다. 초대 종교재판소장인 토르케마다가 화형에 처한 이들만 수천 명에 이른다. 하지만 모든 것이 종교의 야만 때문만은 아니었다. 당시 여왕이었던 이사벨라는 종교재판소를 종교 단일화는 물론이고 권력 유지의 무기로 사용했다. 종교재판소는 교황의 허락에 의해 설립되었지만 실질적인 운영

18 하인리히 크래머Heinrich Kramer의 《마녀의 망치》는 일단 체포하고 재판하라는 막가파식 집행과 강제로 입증하는 데 필요한 잔인한 각종 고문 방법이 기술된 마녀 사냥의 매뉴얼이다. 이 책은 인쇄술의 발달로 인해 유럽 전역으로 퍼질 수 있었다.

과 권한은 모두 왕실에 있었다. 이사벨라는 언제든 누구든 악마와 이단으로 규정할 수 있는 종교재판소를 자국의 귀족과 교황의 내정 간섭을 차단하는 데 이용했다. 그것이 스페인에서 종교재판이 보다 잔인하고 광범위하게 자행된 이유다. 이렇듯 종교재판은 오로지 권력을 위해서만 작동했다.

결국 야만의 시대는 종교개혁의 요구, 권위를 향한 각성과 도전을 낳았다. 이를 자양분으로 르네상스 시대가 열렸고, 근대 시민국가가 태동했다. 시대의 전환은 이성이 비이성과 광기를 압도할 때, 변화의 요구가 시대를 수성하려는 억압보다 우위를 점할 때 나타난다. 물론 반대의 경우도 있다. 분명한 사실은 수천 년의 역사를 봤을 때 시대의 전환이 모든 변화를 담보하지는 않는다는 것이다. 시대를 점령했던 광기와 비이성은 사라진 것이 아니라 새로운 시대에 잠시 자리를 내준 것뿐이다. 네로의 잔인함이 기독교의 확장을 낳았고, 로마 가톨릭의 야만이 종교개혁과 개신교를 낳았다. 박해받은 청교도들은 북미로 이주해 원주민 학살을 통해 거대한 제국을 세웠으며[19] 종교가 희석된 자리에 인종·사상 등이 들어서며 나치

19 미국 독립 당시 만들어진 정부 제도는 칼뱅의 사상을 이어받은 사람들에게서 나왔다.

의 유대인 학살과 미국의 매카시즘Mccarthysm[20]이라는 거대한 광풍을 불러일으켰다. 오늘날 중동에서 벌어지고 있는 참상과 유럽과 북미에서 자행되고 있는 테러는 인류가 역사를 통해 배운 것이라고는 고작 기술記述의 능력뿐일지 모른다는 의심을 품게 한다.

수십만의 무고한 목숨을 앗아간 종교재판에 대해 바티칸이 오류를 인정하고 공식적으로 사과한 것은 몇 백 년이 지난 2003년의 일이다. 우리가 익히 알고 있는 대표적인 종교들은 모두 자유와 평등(기독교), 선행(불교), 평화(이슬람) 등 반론의 여지가 없는 가치를 제시해왔다. 이는 전 세계 인구의 83.4퍼센트가 종교를 가지고 있는 이유이기도 하다.[21] 문제는 이 가치가 어떤 방식으로 실현되고 있느냐다. 이 문제가 여전히 우리 시대를 맴돌고 있는 이상 다른 이름, 다른 얼굴의 세르베투스가 등장할 수밖에 없다. 종교라는 이유로, 사상이라는 이유로, 인종이라는 이유로, 성별이라는 이유로, 취향이라는 이유로 차별당하고 고통받는 또 다른 세르베투스 말이다.

20 1950년대 공산주의 팽창에 대한 위기감을 이용한 극단적인 반공주의. 가장 자극적이고 무모한 주장을 하며 수많은 이들에게 빨갱이 혐의를 씌운 조지프 매카시Joseph Raymond McCarthy 의원의 이름에서 유래됐다.

21 미국의 여론 조사 기관 퓨 리서치 센터Pew Research Center가 2015년에 발표한 〈세계 종교 미래 보고서〉 중 2010년 현황.

투자왕
제롬 케르비엘

"The four most dangerous words in investing: 'this time it's different.'"

"투자에 있어 가장 위험한 말은 바로 이것이다. "이번에는 다를 거야.""

존 템플턴 경 Sir John Templeton

성공에 베팅하는 투자

투자의 사전적 의미는 '이익을 얻기 위하여 어떤 일이나 사업에 자본을 대거나 시간이나 정성을 쏟는 것'이다. 시간과 정성(노동) 역시 비용으로 수치화가 가능하니 결국 이익을 위해 자본, 곧 돈을 대는 것이라 할 수 있겠다.

1981년 에드 프렌데빌은 미국 네브래스카 주 동부에 있는 오마하를 운전해 지나가던 중 워런 버핏Warren Buffett이 오마하에 살고 있다는 사실이 떠올랐다. 그리고 그는 자연스럽게 당시 1300달러였던 버크셔해서웨이Berkshire Hathaway Inc.의 주식을 구입했다. 1962년 버핏의 투자 파트너들이 처음 사들인 버크셔해서웨이의 7~8달러짜리 주식은 이미 200배나 올라 있던 상황. 하지만 그는 버핏이 이끄는 버크셔해서웨이의 성공을 확신했다. 현재 버크셔해서웨이의 주당 가격은 19만 8190달러(한화 2억 3780만 원, 2016년 2월 26일 종가 기준)가 되었고, 에드 프렌데빌은 돈방석에 올라앉았다.[1]

'오마하의 현인' '가치 투자의 끝판왕'이라 불리는 워런 버핏은 1965년 별 볼 일 없는 섬유 회사였던 버크셔해서웨이를 인수해 지주회사[2]로 재설립했다. 1967년에는 보험 사업에 진출해 1970년부터 1억 달러 상당의 포트폴리오[3] 운용 자금을 굴리기 시작했다. 1921년 설립된 초콜릿 제조업체인 시즈 캔디스See's Candies가 버핏의 눈에 들어온 것은 1972년이었다. 그는 장부 가치 800만 달러였던 시즈 캔디스를 2500만 달러에 인수했다. 버핏은 시즈 캔디스의 '가치'를 확신했으나 많은 이들은 우려의 눈길을 보냈다. 하지만 시즈 캔디스는 인수 당해 연도에 420만 달러의 이익을 내면서 인수 비용에 대한 불안을 잠식시켰고, 2007년에는 8300만 달러의 이익을 내면서 버핏이 내세운 가치에 '확신'이라는 이름을 새겼다.

1 2015년 10월 21일 자 《월스트리트 저널》의 기사 'Warren Buffett's Millionaires Club' 중.

2 주식 소유를 통해 다른 회사의 경영을 지배·관리하는 회사.

3 포트폴리오portfolio는 개인이나 기업의 자산 구성을 의미하며 주식 투자에서는 위험을 피하고 투자 수익을 극대화하기 위한 분산 투자를 말한다.

이 확신은 코카콜라 컴퍼니로 이어졌다. 버핏은 1988년, 1989년, 1994년에 걸쳐 코카콜라의 주식 2억 주를 주당 평균 6.50달러에 매수했다. 버핏은 저렴한 타이밍에 맞춰 가치를 내다보고 투자한다는 자신의 원칙대로 1980년대 말 블랙먼데이라 불리는 주가 대폭락 이후에도 저렴하게 코카콜라 주식을 매수하기 시작했고, 버핏이 3년에 걸쳐 주당 평균 6.50달러에 매수한 코카콜라 주식은 현재 45.20달러가 되었다(2016년 3월 11일 기준). 이후 버핏은 코카콜라 주식을 매수한 뒤로 단 한 주도 매도하지 않았다. 아메리칸 익스프레스, 질레트, 코스트코의 매수 역시 같은 방식이었다. 그렇게 버핏은 빌 게이츠와 1~2위를 다투는 세계 최고 갑부, 모든 투자자의 선망의 대상이 되었다.

1969년 헤지 펀드[4] 산업이 태동하던 시기, 단순한 주식 트레이더의 역할뿐 아니라 상품시장과 채권시장, 외환시장을 두루 섭렵하며 무대를 자국이 아닌 세계로 확장한 역사적인 퀀텀 펀드Quantum Fund의 공동 창업자 짐 로저스Jim Rogers 역시 성공과 가치에 베팅했다. 그는 조지 소로스George Soros와 함께

4 hedge fund. 소수의 투자자를 비공개로 모집하여 주로 위험성이 높은 파생상품 등을 통해 절대수익을 추구하는 일종의 사모 펀드.

재귀 이론[5]을 기반으로 펀드를 운용하던 1973년 중요한 포인트를 하나 포착했다. 그해 시작된 4차 중동전쟁에서 이집트가 사용한 소련제 무기들의 성능이 예상보다 훨씬 훌륭하다는 점이었다. 그는 미국이 소련에 대한 위기를 느끼고 신무기 개발에 나설 것이라 예상했고, 미국 최대 방위산업체 중 하나인 록히드마틴사Lockheed Martin Corporation의 단일 최대 외부 주주가 되기로 했다. 이 선택은 3년 뒤 여덟 배 상승이라는 잭팟을 터트렸다.

퀀텀 펀드는 1980년까지 10년 동안 누적 수익률 3365퍼센트라는 경이로운 실적을 선보였다. 같은 기간 동안 S&P500[6]은 47퍼센트 상승했을 뿐이었다. 퀀텀 펀드의 자산이 1200만 달러에서 2억 5000만 달러로 수직상승한 바로 그때 짐 로저스는 자신의 지분을 챙겨 퀀텀 펀드를 떠나 세계 일주를 하고,

5 Theory of reflexivity. 재귀 이론의 골자는 인간의 편견이 현실에 반영되고 그렇게 해서 왜곡된 현실이 다시 인간에게 영향을 미쳐 불균형을 일으키는데 그 불균형이 극단적인 수준까지 치닫는 경향을 보인다는 것. 예를 들어 투자자들의 불안(편견)이 주가 폭등(현실 반영)으로 이어지고 결국 투자의 불균형으로 이어진다는 것이다. 불균형을 발견해내는 안목을 지닌 소로스는 이를 이용해 종종 투자자들을 경악하게 하는 베팅에 나서 천문학적인 수익을 발생시켰다.

6 국제 신용평가 기관 스탠더드 앤드 푸어스Standard & Poor's가 500개의 우량주를 기반으로 작성하는 주가지수.

각종 강연과 자신의 운용하는 펀드로 꾸준히 수익을 올리는 평온한 삶을 선택했다. 그는 가장 혹독하고 치열하고 냉정한 시장에서 자신이 설립한 헤지 펀드를 최고의 자리에 올려놓은 후 뒤도 돌아보지 않고 떠났다. 떠날 때 처분한 그의 자산은 600달러에서 2만 3333배가 오른 1400만 달러였다. 짐 로저스는 신화가 되었다.

워런 버핏과 짐 로저스는 각각 시즈 캔디스와 록히드마틴사의 성공을 예측해 투자했고, 투자금은 상상도 못 할 수익으로 그들에게 돌아왔다.

실패에 베팅하는 투자

늘 그러했듯 자본은 성공에 기반을 둔 정직하고 지루한 투자 방식만으로는 만족하지 않았다. 그래서 더 위험하고, 더 매력적인 투자를 만들어내는데, 그것이 바로 공매도, 선물, 옵션 등을 포함하는 다양한 파생상품들이다. 이 방식은 성공에 베팅할 수도 있으나 실패나 가치 하락에 베팅해 수익을 만들어낼 수도 있다. 즉, 누군가 망해도 수익을 얻을 수 있다는 말이다.

재귀 이론의 귀재라 불리는 조지 소로스는 짐 로저스가 떠

1993년 세계 최초의 현대적 상품 거래소로 평가받는 대표적인 선물 거래 시장인 시카고 거래소에 모인 파생상품 트레이더들의 모습. 파생상품은 기초 자산의 가치 변동에 따라 가격이 결정되는 금융 상품을 말한다. 즉, 가치가 떨어져 누군가 망해도 누군가는 수익을 얻을 수 있다는 뜻이다.
(출처: 위키피디아)

난 퀀텀 펀드를 지구상에서 가장 악명 높은 헤지 펀드로 만들어낸 장본인이다. 1992년 영국 파운드화를 공격해 2주 만에 10억 달러(한 달간 총 20억 달러)의 수익을 올리고 유유히 빠져나간 사건 때문이었다.[7] 그가 파운드화를 공격한 방식은 공매도short selling[8]였는데, 공매도는 주식이나 채권을 가지고 있지

7 조지 소로스는 자신의 책 《오류의 시대》를 통해 파운드화 공격에 일조한 것은 사실이나 상당히 과장된 측면이 있다고 토로했다.

8 현재의 가치로 빌려서 판 뒤 이후 가치가 떨어지면 싸게 사서 갚는 방식으로

않은 상태에서 담보 설정, 이자, 수수료 지불을 통해 주식이나 채권을 빌린 후 매도 주문을 내는 것을 말한다. 조지 소로스는 이러한 공매도 방식을 환투기에 적용해 영국 파운드화를 공격했다.

1달러=0.5파운드였다고 가정해보자. 1달러를 담보로 맡긴 뒤 0.5파운드를 빌린다. 빌린 0.5파운드를 바로 1달러에 판다. 이 과정을 거대 자본이 단시간에 진행하는 것이다. 소로스가 직접 움직이는 헤지 펀드가 약 3조 원 정도의 규모인 데다가 이렇게 대형 헤지 펀드가 거대한 베팅을 하면 돈 냄새를 맡은 다른 헤지 펀드와 투기꾼들까지 달려들어 규모가 점점 커지게 된다. 결국 자본 세력의 집중적인 공매도 공격으로 영국 외환시장에서 달러의 씨가 마르게 되어[9] 달러의 가치는 상승하고 파운드화의 가치는 떨어지게 된다. 결제, 송금 등의 이유로 달러화의 수요는 항상 존재하기 때문이다. 이렇게 파운드화의 가치가 떨어져 1달러=1파운드가 되면 가지고 있던 1달러를 1파운드에 판 뒤 빌린 0.5파운드를 갚고 담보로 맡긴 1달러를 찾아 남은 0.5파운드의 수익을 들고 홀연히 떠나는 것이

가치가 떨어질 것을 예상하고 차익을 노리는 방식이다.

9 거대한 달러 자본이 달러를 담보로 맡기고 빌린 파운드화로 영국 외환시장의 달러를 모두 걷어간 것이다.

다. 이 방식을 몇 조 달러 단위로 하게 되면 단 2주 만에 10억 달러의 수익이 가능해지는 것이다.

이 과정으로 인해 영국 경제는 순식간에 혼돈에 빠져들었고, 1997년 태국 바트화도 같은 방식으로 공격당했다. 헤지 펀드는 1997년 태국 바트화의 여파로 외환위기가 대두한 한국과 홍콩을 공격했지만 재미를 보지는 못했다. 그렇지만 올해 1월에는 위안화와 홍콩 달러 공매도를 진행 중이라며 3조 3000억 달러의 외환을 보유하고 있는 중국에 선전포고 하는 패기를 보였다. 호시탐탐 기회를 노리는 헤지 펀드의 유동성 자금은 이미 중국의 위안화 가치 하락으로 인한 혼란을 기대하고 있을 것이다.[10]

방식의 차이는 있으나 워런 버핏, 짐 로저스, 조지 소로스는 전 세계 투자 3대장이라 불린다. 물론 짐 로저스 대신 '시간과 노력을 들인 정보만이 살길이다'라는 투자의 신념을 설파한 피터 린치Peter Lynch나 펀드 운용 13년 동안 2700퍼센트의 경이로운 누적 수익률을 올린 앤서니 볼턴Anthony Bolton의 이름을 떠올릴 수도 있다. 조지 소로스 대신 월가의 저승사자 혹은

10 2007년 미국발 서브프라임 모기지 사태로 자국의 통화 가치가 순식간에 떨어지면 어떻게 되는지 우리도 경험하지 않았던가?

세계 투자 3대장. 워런 버핏(좌), 짐 로저스(중), 조지 소로스(우) (출처: 위키피디아)

행동주의 투자자[11]라 불리는 칼 아이칸Carl Icahn을 대신 채워넣고 싶은 이들도 있을 테고, 누군가는 워런 버핏 대신 가치 투자의 아버지라 불리는 (버핏의 스승이기도 한) 벤저민 그레이엄Benjamin Graham의 이름을 떠올릴지도 모른다. 누구든 간에 이들 모두는 자본의 습성을 가장 잘 이해해 환상적인 자본 증식을 이뤄낸 '투자 대장'이라 할 수 있다.

이들 모두는 신중한 판단과 흐름을 파악할 수 있는 안목을 투자가에게 요구한다. 일종의 경고다. 하지만 투자가들에게는 이들의 존재가 곧 '확신'이요 '믿음'이다. 그들의 투자가 결

11 보유한 주식의 의결권을 적극 활용해 배당을 늘리거나 경영진을 갈아치우는 식으로 수익을 창출한다.

과적으로 성공했기 때문이다. 그래서 투자 대장들의 존재 자체가 '위험'일 수 있다. 그래서 그들의 성공 이면에 감춰진 실패자들의 이름, 예를 들어 시장을 호령하던 펀드 매니저에서 이제는 그 이름조차 생소해진 빅터 니더호퍼Victor Niederhoffer[12] 같은 이름을 기억할 필요가 있다. 모든 투자는 기본적으로 위험하고 불안하며, 언제든 투자가들을 인식론적 오만epistemic arrogance[13]에 빠트릴 만큼 치명적이기 때문이다.

2인자 닉 리슨

런던 빈민가 출신의 닉 리슨Nick Leeson이라는 사내가 있었다. 최종 학력은 고졸, 그의 첫 직장은 쿠츠 컴퍼니Coutts &Co.라는 영국의 금융 회사였다. 그는 곧 미국의 투자은행 모건스탠리Mogan Stanley로 이직하게 되는데, 이직 사유는 '업무의 지루함'이었다. 모건스탠리의 분쟁팀 사무원으로 이직한 닉 리슨은

12 한때 조지 소로스의 부하이기도 했던 그는 1997년 S&P 지수 옵션을 대량으로 매도했다가 한 방에 1억 3000만 달러의 손실을 기록했다.

13 지식의 한계에 대해 교만한 나머지 지식의 증가에 비해 더 큰 확신에 빠지는 것.

트레이더들을 가까이에서 지켜보면서 꿈을 키웠다. 그는 모건스탠리의 트레이더가 되고자 했으나 거절당했다. 그리고 그때 기회가 왔다. 그는 영국의 베어링스 은행Barings Bank 결제부로 이직했고, 1989년 막 설립한 싱가포르 지사에 발령되어 꿈에 그리던 선물거래futures trading[14] 등을 진행할 수 있는 트레이더가 되었다.

싱가포르 지사 발령 뒤 얼마 지나지 않아 리슨을 일약 세계적 슈퍼스타로 발돋움하게 해준 두 가지 호재가 발생했다. 첫 번째는 오사카 거래소와 싱가포르 거래소의 시세 반영 차이였다. 싱가포르 거래소는 규모가 작았던 탓에 오사카보다 시세 반영이 늦었다. 그는 이 시세 반영 차이에 착안하여 니케이 지수 선물 거래[15]를 통해 안정적인 단기 차익을 올릴 수 있었다. 두 번째는 휴면 계좌 88888의 등장이다.[16] 베어링스 싱가포르 지점이 막 생길 때 거래 미스로 발생하는 손실을 기록

14 상품이나 금융자산, 각종 지수 등을 협의가 이루어진 가격으로 미래의 특정한 시점에 인도(인수)하는 거래를 말한다. 예를 들어 3달 뒤 A라는 상품을 팔기(사기)로 계약했다면 3달 뒤의 시세에 따라 수익이 갈리는 방식이다.

15 주가지수선물거래Stock Index Futures. 미래의 지수 포인트를 예측해 미리 사고 파는 것.

16 중국에서 행운을 뜻하는 8을 무려 다섯 개나 때려 넣은 단순무식한 의미의 계좌.

거액의 돈을 증발시켜 수많은 이들에게 충격을 선사한 뒤의 닉 리슨. 그의 첫 직장이었던 쿠츠 컴퍼니는 1692년 영국 런던에 설립된 자산 관리 회사로 '여왕의 은행'Banker To The Queen이라 불릴 만큼 영국 상류층이 주 고객이다. 쿠츠 컴퍼니에서 일반 업무를 담당하는 행원으로 일할 때까지만 해도 리슨은 나름 평범했다. (출처: nickleeson.com)

하던 계좌가 하나 있었는데, 이 계좌가 시스템이 바뀌면서 아무도 모르는 휴면 계좌가 된 것이다. 이 계좌가 바로 88888계좌였다. 이 계좌를 알고 있던 리슨은 이때부터 수익은 정상적으로 기록하고 손실은 88888계좌에 숨기기 시작했다. 이렇게 리슨은 한때 싱가포르 지사 수익의 20퍼센트를 담당하는 스타가 되었고, 파생상품을 직접 거래할 수 있는 권한은 물론 팀의 지휘권까지 얻게 되었다.

88888계좌는 리슨에게 손실에 따른 위험과 공포를 거세해 주었다. 자잘한 손실을 숨기던 계좌에는 어느덧 부하 직원의 실수로 발생한 손실 15만 파운드(2억 4000만 원)가 담기기 시작했고, 급기야 2000만 파운드(320억 원)까지 때려 넣는 상황이 되고야 말았다. 리슨은 하루에 500만 파운드(80억 원)를 벌기도 하고 잃기도 했지만, 손실은 88888계좌에 감춘 채 수익만 보고함으로써 스타 매니저의 지위를 유지할 수 있었다. 덕분에 본사에서 진행하는 정기적인 감사도 자신의 지위를 이용해 눌러버릴 수 있었다.

하지만 이런 이중장부를 완벽하게 숨기기 위해서는 마진콜 magine call[17] 등을 위해 현금을 맞춰야 했는데, 부족한 현금을 메꾸기 위해 리슨은 단기 스트래들straddle 매도 포지션을 취했다. 스트래들 매도 포지션이란 동일한 기초 자산에 대하여 풋 옵션put option[18]과 콜 옵션call option[19] 두 가지를 동시에 파는 포지션으로, 옵션 두 개를 동시에 판매한 대금을 쏠쏠하게 챙길 수 있다는 장점이 있지만, 오르든 내리든 주가가 크게 움직이면 손해를 보게 되는 포지션이다. 즉 판매 대금이 고스란히 수익으로 이어지기 위해서는 주가 변동이 거의 없어야 한다. 이 투

17 선물 계약 기간 중 선물가격 변화에 따른 추가 증거금 납부 요구.

18 특정 기초 자산을 특정한 시기에 팔 수 있는 권리의 매매를 말하며 현재의 시세를 기준으로 가격이 정해짐으로 가치가 떨어져야 수익을 얻을 수 있다.

19 풋 옵션과 반대 개념이다.

기적인 포지션으로 리슨은 상당한 재미를 봐왔는데, 1995년 1월 18일의 고베 대지진으로 니케이 지수가 하루 만에 6퍼센트나 떨어지는 사건이 터지고 만다. 주가가 크게 바뀌지 않는다는 것에 베팅한 리슨은 떡실신했어야 마땅했지만 오히려 피해 복구에 재정이 투입되면서 증시가 회복될 것이라는 전망과 함께 본사에 추가 자금 지원을 요청, 선물시장에서 인생 최대의 베팅을 하고야 만다. 하지만 결과는 며칠 뒤 2차 대폭락. 결국 88888계좌와 함께한 손실이 13억 파운드(2조 80억 원)로 늘어나면서 리슨의 모든 것이 탄로 나고 말았다. 리슨 개인의 투자로 인해 233년 역사의 베어링스 은행은 파산하고 단돈 1파운드에 ING 은행에 매각되었다. 사기와 서류 위조로 6년 6개월 형을 받은 리슨은 3년 6개월 만에 모범수로 석방되었다.

전 세계를 경악시킨 리슨의 경고에도 불구하고 14년 뒤인 2009년 진정한 투자왕이 탄생했다. 프랑스 소시에떼제네랄 은행Société Générale의 주가지수 선물거래 담당이자 무려 49억 유로(6조 3000억 원)의 손실을 낸 제롬 케르비엘Jérôme Kerviel(1977~)이다.

제롬 케르비엘

제롬 케르비엘은 1977년 1월 프랑스 브루타뉴 지방의 소도시 퐁라베Pont-L'Abbé에서 태어났다. 어머니는 미용사였고, 아버지는 침대에 쓰이는 철재 구조물을 만드는 주물 장인이었다. 그의 유년기는 별다를 것 없이 평범했다. 낭트 대학을 졸업하고 프랑스 주요 은행들이 거래 처리와 모니터링을 하는 중간급 지원 인력 양성을 위해 설립한 리옹 대학에서 석사 학위를 받을 때까지만 해도 그는 평범한 학생이었다. 하지만 2000년 소시에떼제네랄 은행에 입사하면서부터 제롬 케르비엘은 투자왕다운 비범함을 보이기 시작했다.

닉 리슨이 엄청난 손실을 발생시키면서도 88888계좌를 이용해 위험한 투자를 지속할 수 있었던 것은 바로 백오피스back office에서의 경험 때문이었다. 투자은행들은 투자를 담당하는 프론트오피스front office와 이들의 투자 위험도를 측정하고 관리하는 백오피스를 분리하여 운영한다. 리슨은 결제부 근무 기간 동안 파생상품의 계약, 결제, 정산 등의 백오피스 업무 내용을 완벽하게 학습했다. 이 과정을 통해 자신의 손실을 숨길 방법을 터득한 것이다.

2000년 소시에떼제네랄에 입사한 케르비엘의 첫 업무도 금융상품 계약을 점검하는 중앙사무소에서 시작됐다. 2005년 백오피스에서 각종 계약에 대한 경험을 쌓고 있던 케르비엘에게 운명적인 인사 발령이 난다. 선물거래 팀인 '델타원'에 합류하라는 지시였다. 델타원은 유럽 주가지수 선물거래를 통해 위험을 헤지hedge(분산)하는 매우 기초적인 선물거래 팀이었다. 예컨대 은행이 유망 기업의 주식을 대량으로 사들이는 경우 선물은 주가가 내려가는 쪽으로 거래함으로써(매도 포지션) 이익과 손실의 균형을 맞추는 단순한 투자였다. 케르비엘은 이렇듯 수동적인 역할을 하는 선물거래 팀의 구성원이었다.

하지만 케르비엘은 팀에서 주어진 역할을 수행하지 않았다. 팀에 합류한 지 몇 달 지나지 않아 분산 투자가 아닌 공격적이고 집중적인 투자를 하기 시작했다. 리슨과 마찬가지로 로그 트레이더rouge trader[20]를 자청하고 나선 것이다. 델타원으로 발령받은 2005년 여름, 케르비엘은 유럽 증시의 하락을 예측하고 주가지수 선물 매도 포지션을 취했다. 그의 투자는 예상치 못했던 변수에 의해 적중했다. 2005년 7월 7일 영국 런

20 회사의 허가 없이 투기하는 악당 주식 중개인을 뜻하며, 닉 리슨을 주인공으로 한 영화 제목이기도 하다.

던에서 지하철과 버스에 동시 다발 테러가 발생한 것이다. 테러의 공포는 곧 경기 침체로 이어졌고 유럽 증시는 폭락했다. 전 유럽이 테러로 비통해하는 순간 케르비엘이 얻은 이익은 50만 유로(6억 5000만 원)였다.

이 성과를 바탕으로 케르비엘은 자신의 투자를 2년여 간 지속하며 회사가 정한 거래 한도인 2900만 달러의 100배인 25억 달러까지 거래할 수 있게 되었다. 5년간의 백오피스 업무를 통해 체득한 파생상품의 운용과 절차, 허점 등에 대한 경험이 있었기 때문에 가능한 일이었다. 이러한 경험은 2007년부터 본격적으로 악용되기 시작했다.

2007년 케르비엘은 독일 증시의 하락을 예측하고 또다시 주가지수 선물 매도 포지션을 취했다. 하지만 예상과 달리 독일 증시는 상승했다. 이때부터 케르비엘은 손실을 감추는 기술을 갈고 닦기 시작했다. 당장의 손실을 감추기 위해 허위 자료를 작성해 보고하기도 했으며, 은행 정보 시스템을 해킹해 거래 관련 내용을 조작하기 시작했다. 부정행위를 통해 손실에 대한 불안을 지워낸 자리엔 자신감이 채워졌다. 게다가 독일 증시가 하락세로 돌아서면서 수익이 발생하자 그의 투자는 연료 걱정 없는 폭주 기관차가 되었다. 때마침 그의 눈에 들어온 것이 미국발 서브프라임 모기지 사태[21]였다. 사태는 점점 심각해지기 시작했으나 그는 이 사태가 단기 악재로 끝날 것이라 예측했다. 케르비엘은 많은 이들이 장기적인 불황과 침체를 예상하던 순간, 유럽 주가지수 상승에 거액을 베팅하기 시작했다. 선물거래 등의 파생상품은 보유 현금이 많지 않아도 신용으로 대규모 거래를 할 수 있기 때문에 상상을 초월한 베팅이 가능했다. 하지만 케르비엘의 위험한 확신이 무참히 깨지는 데는 1년이 채 걸리지 않았다.

케르비엘은 주가지수 하락에 따른 손실에도 불구하고 베팅을 멈추지 않았다. 또다시 손실을 감추기 위한 자신만의 불법 기술을 동원했으며, 그것으로도 모자라 회사 내에 가상 업체를 설립해 회사 기밀 정보를 빼내고, 다른 이의 명의로 대규모 베팅을 서슴지 않았다. 2007년 시작된 서브프라임 모기지 사태는 2008년에 이르러 전 세계 금융위기로 이어졌다. 케르비엘의 손실은 상상 이상으로 불어났고, 결국 모든 것이 드러나고 말았다. 2008년 1월 19일 냄새를 맡은 은행 측은 케르비엘을 불러들여 여섯 시간 동안 조사했다. 은행 측은 케르비엘의

21 서브프라임 모기지 사태subprime mortgage crisis: 2000년대 초반 미국 정부가 저금리 정책을 펼치자 신용등급이 낮은 저소득층을 대상으로 한 서브프라임 모기지(비우량 주택담보대출) 거래가 폭증하고, 부동산 가격이 상승했다. 2004년 미국 정부가 저금리 정책을 종료하자 이자 및 원금 회수 불능 사태에 빠지면서 세계 금융 위기까지 이어지게 되었다.

FINANCIAL TIMES

Friday January 25 2008 | £1.50

World leaders write in the FT
GORDON BROWN and YASUO FUKUDA Page 13

Just the beginning
This is not a normal crisis
JOHN AUTHERS Page 11

Newspaper of the year

World Business Newspaper

News Briefing

Hain quits as police begin investigation

Darling tax climbdown

S&N due to back offer

Greenspan sceptical

Prodi government falls

Fukuda carbon pledge

Rogue trader costs SocGen €5bn

Fraud is biggest ever in investment banking

Fire sale link to Fed's US interest rate cut

By FT Reporters

2008년 1월 제롬 케르비엘의 활약과 그로 인한 소시에떼제네랄의 손실액이 공개된 이후 신문 1면은 단연 제롬 케르비엘과 소시에떼제네랄의 차지가 되었다.

불법 행위를 적발하고, 그의 거침없는 투자로 리스크에 노출된 금액이 무려 50억 유로(8조 원)임을 확인했다.

케르비엘이 역사적인 투자 실패를 선보이고 난 그때 전 세계가 미국발 금융위기에 휘청거렸으나 유독 프랑스만 건재했다. 많은 이들이 신중함과 엄격함으로 표현되는 프랑스 금융 시스템에서 그 이유를 찾았다. 프랑스 은행들은 위험을 적게 떠안는 경영에 충실하다고 알려져 있다. 대출 대상을 엄격하게 선정하며, 분산 투자의 폭도 넓다. 전체 금융업에서 상대적으로 위험 수위가 높은 투자은행과 중개업이 차지하는 비중이

작으며(25퍼센트), 가계 부채 규모도 국내총생산GDP의 47퍼센트(2011년 기준)로 영국의 절반 수준이다. 게다가 금융감독기구는 은행·보험 부문과 증권 부문으로 이원화해 철저하게 감시·감독한다. 행정력이 강해 막강한 권력을 행사하나 철저하게 전관예우를 금기시해 투명함과 엄중함이 유지된다. 케르비엘의 투자는 이런 엄격한 프랑스 금융 시스템하에서 일궈낸 쾌거(?)이기에 '투자왕 중의 투자왕'이라 해도 전혀 손색이 없는 것이다.

은행은 케르비엘의 조사가 끝난 뒤 즉각적인 조치에 들어갔으나 결국 49억 유로라는 막대한 손실을 보게 되었다. 닉 리슨이 베어링스 은행을 초토화시킨 후로 각 은행이 다양한 위기 관리 시스템을 만들었음에도 불구하고 설립 144년을 자랑하는 소시에떼제네랄은 베어링스 은행을 능가하는 위험에 봉착하게 되었다. 개인 손실액 세계 최고 기록을 세운 케르비엘은 그를 심문했던 파리 검찰청 검사에게 "은행의 수익을 올려 능력을 인정받고, 금융계의 스타가 되고 싶었다"라고 말했다.

케르비엘은 2014년 9월 구속 수감 4개월여 만에 가석방되었고 여전히 재판이 진행 중이다. 닉 리슨은 수감, 석방 후 책과 영화 판권, 강연 등을 통해 그럴싸한 수익을 올리고 있지만, 케르비엘은 투자왕답게 그것마저 여의치 않은 상황이다.

은행이 책이나 영화를 통해 발생하는 수익에 대해 저당권을 보전할 만반의 준비를 하고 있기 때문이다. 소시에떼제네랄 은행이 닉 리슨에게서 얻은 가장 큰 교훈은 아마도 '저당권'인 듯하다.

왕의 시대: 도박의 다른 이름 '투자'

> "불법 거래를 한 것은 사실이지만, 나는 수단과 방법을 가리지 않고 돈을 벌도록 강요하는 은행 시스템의 희생자였다."
>
> – 제롬 케르비엘

닉 리슨이 13억 파운드로 233년 역사를 자랑하는 베어링스 은행을 날려버렸던 1995년으로부터 8년 전, 워런 버핏은 블랙 먼데이[22]라는 핵폭탄급 악재를 틈타 코카콜라 주식을 대량으로 매수했다. 단 하루 동안 다우존스 지수[23]가 22.6퍼센트나

22 1987년 8월 25일 다우존스 지수 주가 상승률은 연초 대비 40퍼센트에 육박했다. 하지만 두 달 뒤인 10월 19일 하루 만에 22.6퍼센트가 하락했다. 10월 19일이 월요일이었던 이유로 블랙 먼데이라 이름 붙여졌다.

23 Dow Jones Industrial Average. 미국의 다우존스Dow Jones사가 뉴욕 증권시장

하락했고, 주식시장에서 미국 국민총생산GNP의 8분의 1에 해당하는 금액인 5000억 달러가 증발했다. 대표적인 우량주였던 제너럴일렉트릭GE의 주가가 33.1퍼센트, AT&T의 주가가 29.5퍼센트나 하락했으며 코카콜라의 주가 역시 36.5퍼센트 하락했다.

사실 미국은 1970년대부터 인플레이션율과 실업률이 동시에 고공행진을 했고, 달러의 가치는 한 해 평균 12퍼센트씩 하락했다. 1980년 로널드 레이건이 대통령에 취임한 후 경기 회복을 위해 정부의 통제와 간섭을 완화하자 거액의 국제 자금이 미국으로 쏟아져 들어와 때 아닌 호황을 누리기도 했지만, 정부의 대규모 군비 확장으로 인한 적자 재정의 심화, 무역 적자가 계속 늘고 있다는 지표 발표, 그리고 걸프 만에서 미국 군함 한 척이 이란군에 격침되었다는 헛소문이 끼어들면서 과도했던 호황은 단 하루 만에 무너져내렸다.

블랙 먼데이 직후 수많은 주식 투자자는 순식간에 빈털터리가 되었고, 이후 1년 사이에 미국인들의 소비 지출액은 500억 달러나 감소했다. 닉 리슨이 고베 지진이라는 악재를 낙관한

에 상장된 우량 기업 주식 30개 종목을 표본으로 시장 가격을 평균하여 산출하는 세계적인 주가지수.

채 고수익과 위험을 동반한 선물거래에 베팅한 결과가 '폭망'이었다면, 블랙 먼데이라는 악재를 낙관한 워런 버핏의 코카콜라 베팅은 '대박'이었다. 이 둘의 결과는 참혹하리만큼 달랐지만 리슨은 고베 지진이라는 비극에, 버핏은 블랙 먼데이라는 비극에 기반을 두고 베팅했다는 사실은 크게 다르지 않다. 리슨이 고베 지진을 예상하지 못했던 것과 마찬가지로 버핏 역시 블랙 먼데이를 예상하지 못했다.

케르비엘이 49억 유로라는 경이로운 손실액으로 투자왕에 등극하기 1년 전인 2007년 독일에서는 독일 가정의 소비 지출이 증가하고 아시아 시장이 확대되면서 경제가 활성화될 것이라는 장밋빛 청사진들이 곳곳에서 등장하기 시작했다. 쏟아져 나오는 각종 보고서, 연일 신문과 방송을 통해 전파된 전문가들의 발언이 장밋빛 미래를 더욱 생동감 있게 덧칠했다. 2007년 말 독일 주가지수DAX는 8067포인트였다. 독일의 WGZ-뱅크는 2008년 말 8250포인트까지 오를 것이라 예측했고, 도이체방크는 8200~8600포인트까지 상승하리란 무지갯빛 전망을 내놓았다. 가장 비관적인 전망을 한 미국의 투자은행 모건스탠리의 예측은 7700포인트였다. 하지만 결과는 우리가 아는 대로다. 서브프라임 모기지 사태는 미국을 넘어 전 세계를 강타했고, 독일 주가지수는 무려 4810포인트까지

하락했다. 그런데도 위험한 선물거래를 멈추지 않았던 케르비엘은 한 인간이 투자 한 방으로 어디까지 파묻힐 수 있는지를 전 세계에 생생하게 증명했고, 불과 1년 전까지만 해도 밝은 미래를 그리고 있던 수많은 투자자를 맞이한 건 뿌연 황사 폭탄이었다.

하지만 진짜 비극은 모든 옵션, 선물 계약에는 상대방counterparty이 존재하듯 이 와중에도 엄청난 수익을 올린 이들이 있었다는 것이다. 2007~2008년 당시 케르비엘이 유럽 주가지수 상승에 기반을 두고 취한 선물 매수 포지션을 거래한 상대방은 돈방석에 앉았다. 영화 《빅쇼트The Big Short》의 실제 주인공들처럼 서브프라임 모기지론의 폭망을 예상하고 공매도한 이들도 벼락부자가 됐다.

반대의 예로는 1998년 한 시대를 풍미했던 헤지 펀드인 롱텀캐피털매니지먼트Long Term Capital Management를 들 수 있다. 1998년 당시 롱텀캐피털매니지먼트는 시장이 안정될 거라는 분석 결과를 믿고 엄청난 양의 옵션을 팔았다. 얼마 지나지 않아 뜬금없이 러시아 정부가 국채에 대해 지급 불능을 선언하는 바람에 주가가 폭락했고 롱텀캐피털매니지먼트는 한순간에 무너졌다. 당연히 롱텀캐피털매니지먼트의 옵션을 산 이들은 엄청난 수익을 올렸다. 잃는 이가 있어야 얻는 이가 있다는 단순명료한 도식이 증명된 것이다. 말콤 글래드웰은 그의 책 《그 개는 무엇을 보았나》에서 나심 탈레브[24]의 생각을 빌려 이 도식에 대해 다음과 같이 표현했다.

> "만 명의 펀드매니저가 있다고 치자. 해마다 순전히 운 때문에 절반은 돈을 따고 절반은 돈을 잃는다. 그러면 돈을 잃은 절반은 밀려나고 살아남은 사람들은 다시 투자 게임을 벌인다. 이렇게 10년이 지나면 9명이 순전히 운 때문에 해마다 돈을 번다."

나스닥[25]이 연간 44퍼센트가 오른 1999년 클린턴 행정부는 금융서비스현대화법Gramm-Leach-Bliley Act을 승인했다. 다음 해인 2000년 상품선물현대화법Commodity Futures Modernization Act을 내놓았고, 상원은 만장일치로 이 법안을 통과시켰다. 금융서비스현대화법은 그동안 엄격하게 분리되어왔던 시중은행과 투자은행 간의 벽을 허물었다. 투자은행이 일반인의 예금

24 Nassim Nicholas Taleb. 헤지 펀드 임피리카의 매니저이자 《블랙스완Black Swan》의 저자.

25 NASDAQ. 전미증권협회 주식 시세 자동 통보 체계National Association of Securities Dealers Automated Quotations에 의한 지수의 줄임말로 1971년 개설된 미국의 특별 주식시장이다.

을 받을 수 있게 했으며, 은행이 보험 업무를 겸할 수 있게 했고, 빈민, 흑인, 라틴계 미국인에게 돈을 빌려줄 수 있는 기존의 조항을 유지했다. 상품선물현대화법은 선물 거래와 파생금융상품을 투기로 분류할 수 있는 기존의 법규들을 수정했으며, 에너지 선물거래를 특별히 금융 규제 대상에서 제외하는 조항을 만들었다. 이 두 법안은 투자은행의 규제를 풀고 빈민들에게까지 비우량 주택담보대출을 확장할 수 있게 함으로써 2007년의 서브프라임 모기지 사태의 결정적 단초를 제공했다. 게다가 에너지 선물거래에 날개를 달아줌으로써 엔론Enron이라는 괴물 에너지 기업을 만들어냈다. 엔론은 2000년만 해도 매출 1010억 달러에 전 세계 2만 1000명의 종업원을 거느린 전도유망하고 존경받는 기업에서 2001년 하루아침에 파산 기업으로 전락했다.

이 재앙과도 같은 두 법안을 탄생시킨 공화당 상원의원 필 그램Phil Gramm은 그 공로를 인정받아 금융계로부터 460만 달러, 파산하기 전 엔론으로부터 9만 7000달러를 선거 운동 자금으로 받았고 아내는 엔론의 이사가 되었다. 공매도의 대부 제임스 채노스James Chanos는 엔론의 과도한 에너지 선물거래, 회계 부정을 다룬 기사를 유심히 본 뒤 엔론 주에 대한 매도옵션('엔론이 망한다'에 베팅)을 팔기 시작해 수익을 올렸다. 서

왕관 모양의 엔론 로고를 성공의 이미지로 기억하는 이는 이제 없다. 엔론의 패망(특수목적법인을 이용한 분식회계)을 진두지휘한 최고경영자 제프리 스킬링Jeffrey Skilling은 2006년 10월 23일 경제사범 역대 최고 형량인 24년 4개월을 선고받고 10년째 복역 중이다.

브프라임 모기지 사태로 미국에서만 금융 손실이 1000억 달러(91조 7000억 원)가 발생했으며, 시가 총액 800억 달러의 엔론은 미국에서만 4500명의 실업자를 내며 순식간에 사라지고 말았다. 1999년과 2000년에 승인된 두 법안을 두고 이런 대참사를 예측하며 경고한 이는 거의 없었다.

요기 베라Yogi Berra는 "끝날 때까지 끝난 게 아니다It ain't over till it's over"라는 말로 유명한 야구선수다. 이 말은 주로 끝날 때까지 최선을 다하라는 말로 통용되지만, 끝나기 전의 예측이 얼마나 부질없는지를 의미하기도 한다. 실제로 요기 베라는 "미래를 예견하는 것은 정말 어렵다"라고 말하기도 했다. 모든 것이 끝난 결과로서의 미래는 아무도 장담할 수 없다. 확실한 건 경기가 끝나면 명확하게 승자와 패자로 나뉜다는 사실

뿐이다. 앞서 말한 세상의 모든 투자가가 발 담그고 있는 이 바닥이 그렇다. 패자가 존재해야 승자가 존재하듯 손실이 있어야 수익이 가능해진다. 선물과 옵션 등의 파생상품이 바로 그 증거다. 자본만이 아무 일 없다는 듯 누군가의 주머니에서 빠져나가 누군가의 주머니 속으로 들어가며 그대로 존재할 뿐이다.

스포츠에서는 '다음 경기'라는 기회가 존재한다. 하지만 위험천만한 금융시장에서 다음을 찾기란 쉽지 않다. 게다가 여전히 위험하며 불투명하다. '누구나 성공할 수 있다'라는 말이 얼마나 허망한 슬로건인지는 자본주의 시대가 직접 증명한 지 오래다. 그런 의미에서 '투자'는 자본이 만들어낸 '도박'과 '내기'의 또 다른 표현일지도 모른다.

누구나 투자왕이 되기 위해 시장에 뛰어들지만, 누구나 투자왕이 될 수 없음은 자명한 사실이다. 투자왕 제롬 케르비엘이 우리에게 던지는 메시지는 바로 이것이다.

건국왕
골다 메이어

"We don't see things the way they are.
We see them the way we are."

"우리는 무언가을 있는 그대로 보지 않고 우리 방식대로 본다."

탈무드 The Talmud

국가의 탄생

2015년 5월 실로 우스운 소식이 전 세계에 타전됐다. 폴란드 청년 피오르트 바브리진키에비치와 친구들이 크로아티아와 슬로베니아가 서로 영유권을 주장하는 탓에 소유가 명확하지 않은 경계선 인근의 땅 92.9제곱미터(약 28평)에 '세금 걱정 없이 공부하고, 인종·종교 분쟁 없는 나라를 만들자'며 엔클라바 왕국이라는 국가를 선포한 것이다.

이런 황당한 국가의 탄생은 엔클라바 왕국이 처음은 아니다. 2014년에는 미국 버지니아 주에 사는 평범한 한 사내가 '공주가 되고 싶다'는 딸의 소원을 들어주기 위해 이집트와 수단의 국경 지대에 있는 소유주가 없는 땅 비르 타윌(아랍어로

'깊은 우물'을 뜻함)을 찾아내 북수단 왕국을 선포했다. 국가를 선포하는 데 든 비용은 땅을 알아보는 데 쓰인 3000달러가 전부였다.

이런 식의 초소형 국가는 현재 70여 국이 존재하는데, 주로 소유권이 없는 땅을 선점하거나 그나마 땅도 없이 인터넷으로 국가를 선포하고 국민을 모집한다. 물론 국제법상으로 전혀 인정받지 못하며, 유엔에는 상정조차 하지 못한다.

마키아벨리는 《군주론》에서 국가라는 단어를 학문에 도입하며 영토, 국민, 주권을 국가의 3요소로 보았다. 국가가 되기 위해서는 땅과 그곳에 정착한 인간, 그리고 국가의 의사를 최종적으로 결정하는 권력[1]을 기본적으로 갖추고 있어야 한다는 말이다. 여기서 주권은 1933년 '국가의 권리와 의무에 관한 협약'(일명 몬테비데오 협약)을 통해 정부와 외교 능력으로 세분화되어 국가 승인을 위한 기본 조건이 되었다.

하지만 위의 조건들은 마음만 먹으면 얼마든 갖출 수 있다. 영토는 초소형 국가의 예에서처럼 얼마든 구할 수 있고, 국민은 온갖 날림 공약으로 모집할 수 있다. 정부 역시 소말리아와 같이 해적만으로도 얼마든지 구성해 정부라 우길 수 있다. 외

1 주권 이론의 창시자 장 보댕Jang Bodin에 따르면 주권은 대내적으로 최고성을, 대외적으로는 독립성을 의미한다.

교 능력의 경우도 미국의 딘 카멘[2]이 섬을 국가로 선포한 뒤 절친인 조지 부시 전 대통령의 동의를 얻어 미국과 상호불가침 조약을 맺기도 했으니 불가능한 것도 아니다.

하지만 조건을 갖춘다고 국가의 선포가 승인으로 이어지진 않는다. 유엔 안건 상정과 승인(3분의 2 이상 찬성)이 있어야 하기 때문이다. 운이 좋아 상정된다 하더라도 유엔 상임이사국인 미국, 영국, 프랑스, 중국, 러시아가 거부권을 행사하면 그만이다. 그만큼 완전한 형태를 갖춘 건국의 길은 멀고도 험하다. 때문에 승인받지 못한 미승인 국가(소말릴란드, 중화민국, 코소보 등등)들이 수두룩하게 존재한다.

현재 국가 성립의 조건을 갖추고 유엔의 회원국 등록까지 완료한 국가는 총 193국이다. 중국의 거부권 행사로 죽었다 깨어나도 승인받지 못하지만 독립 국가로 인정은 받고 있는 중화민국(대만)과 0.44제곱킬로미터의 면적에 약 400명 정도의 인구를 지닌 초소형 국가임에도 예외적으로 종교적 특수성을 인정받아 참관 국가[3]의 자격을 갖춘 바티칸 시국은 일반

2 Dean Kamen. 휴대형 인슐린 펌프와 전지형 휠체어 등을 발명해 21세기의 에디슨이라 불리는 발명가.

3 Observer non-member state. 유엔의 각종 회의나 활동에는 참가하지만 투표권·결정권은 없는 국가.

적으로 유엔 회원국을 포함한 '세계의 국가'에 포함된다.

2012년 우여곡절 끝에 참관 국가로 승인된 또 하나의 국가 팔레스타인이 있다. 그리고 팔레스타인을 이야기할 때 빼놓을 수 없는 국가가 바로 이스라엘이다. 금세기 최악의 분쟁 지역으로 꼽히는 이스라엘-팔레스타인 지역 갈등의 원인을 따지자면 길게는 기원전, 짧게는 100년 전으로 거슬러 올라간다. 그 정점에는 이스라엘의 건국이 있고, 전 세계에 뿔뿔이 흩어져 있던 유대인들을 독려하고 결집하고, 없으면 빚이라도 내어 후원하게 만든 이스라엘 건국의 왕 골다 메이어Golda Mayer(1898~1978)가 있다.

골다 메이어

역사적으로 유대인이 핍박과 편견의 대상이 된 것은 유대교 제사장들이 로마에 예수의 십자가형을 주장했다는, 즉 예수를 죽인 장본인이라는 기독교적 인식에서 비롯됐다. 이러한 종교적 인식은 중세 말까지 이어졌다. 흑사병, 전쟁 등의 재앙이 되풀이되면 될수록 가톨릭에 대한 불만은 커져만 갔고 확신이 흔들리기 시작하면서 사회는 불안에 빠져들었다. 이 불안이 유대인을 향한 적대감으로 표출되기도 한 것이다. 하지만 그들은 오스트리아, 불가리아, 독일, 이탈리아, 러시아 등에 거주 지역(게토Ghetto)을 형성해 수 세기 동안 맹렬히 부를 쌓으며 핍박과 편견 속에서도 생존했다. 고리대금업이 부를 축적하는 데 결정적인 역할을 했다. 기독교 세계에서는 고리대금업이 금지[4]되었기 때문이었다.

따지고 보면 유대인은 기원전까지로 거슬러 올라가는 이 무지막지한 고통의 시간을 버텨낸 것이다. 하지만 독일의 빌헬름 마르Willhelm Marr가 1879년 9월 26일 유대인의 최대 명절인 욤 키푸르[5]에 반유대주의 연맹을 창설하고 반유대주의anti-Semitism란 용어를 주창하면서 유대인을 향한 인식이 편견을 넘어 증오로 향하는 싸늘한 전환점을 맞게 되었다. 유대인이 하느님께 죄를 회개하고 용서와 화해를 실천하는 명절에 유대인을 향한 '증오'를 천명한 것이다. 이즈음부터 유대인은 열등한 집단이라는 이론이 등장했으며, 러시아 등의 정부는 유대인이 사회악을 저지르는 집단이라고 대놓고 비난하기 시작했다.

4 기독교 초기부터 중세에 이르기까지 고리대금업usury을 금지했다. "너는 그에게 이자를 위하여 돈을 꾸어주지 말고 이익을 위해 네 양식을 꾸어주지 말라."(레위기 25장 37절) 등의 구절을 이유로 들었다. 1311년 비엔공의회에서는 고리대금업이 죄가 아니라는 주장은 이단이라고 선언하기도 했다.

5 Yom Kippur. '속죄의 날'이라는 뜻.

골다 메이어는 유대인에 대한 증오가 거세지던 1898년 러시아 키예프에서 태어났다. 당시 볼셰비키 혁명(1917년)을 앞둔 러시아는 농민들이 언제든 폭도로 돌변할 만큼 사회에 대한 불만이 극에 달해 있었다. 하지만 농민들의 분노는 러시아 사회뿐 아니라 유대인에게도 향해 있었고, 유대인을 향한 약탈과 학살이 빈번하게 일어날 만큼 유대인을 향한 증오는 거대하고 맹렬했다. 그로 인해 유대인의 피를 이어받은 골다 메이어에게 가장 처음 각인된 본능은 바로 '생존'이었다. 결국 골다 메이어가 여덟 살이 되던 1906년, 메이어 가족은 불안과 공포로 가득 찬 러시아 대신 새로운 터전을 선택했다. 바로 미국이었다.

19세기 말에서 20세기 초, 유대인에 대한 증오는 홀로코스트를 향해 나아가고 있었지만 그 이전에도 유대인의 역사는 비참 그 자체였다. 1648년 우크라이나 코작에서 벌어진 유대인 학살로 숨진 유대인만 10만에 달하니 말이다. 당시 스페인 등지에서 쫓겨난 유대인들의 선택은 미국이었다. 1684년 수십 명의 유대인 이주자가 처음으로 미국(현재의 뉴욕)에 상륙했다. 미국의 제한 없는 이민 정책은 러시아와 유럽에서의 증오를 피해 떠돌던 유대인들에게는 더없는 기회였다. 수많은 유대인들이 약속의 땅 미국으로 향했다. 미국에 정착한 유대인들이 할당제를 통해 유대인 이민을 제한하려는 미국에 맞서 미국유대인위원회American Jewish Committee를 설립해 조직적으로 대응하기 시작한 1906년 골다 메이어의 가족은 미국 밀워키에 도착했다.

미국에 도착한 가족의 살림살이는 나아질 기미가 보이지 않았지만 다행히 러시아와 같은 가혹한 차별은 존재하지 않았다. 덕분에 골다 메이어와 언니 쉐이나는 학교에 다닐 수 있었고 총명함을 인정받았다. 하지만 골다 메이어의 부모는 두 딸이 학업 대신 생업에 종사하길 바랐다. 두 자녀가 딸이어서가 아니라[6] 먹고사는 문제가 너무도 절박했기 때문이었다. 쉐이나는 재봉사가 되었고, 골다는 일과 학업의 병행을 선택했다. 얼마 가지 않아 쉐이나는 산업사회 초기의 재봉사와 방직 노동자들에게 흔했던 결핵에 걸려 덴버의 유대인 병원으로 떠났다.

홀로 남겨진 골다는 일과 학업을 꾸준히 병행했으나 노스사이드 고등학교 1학기 이후 어머니의 반대로 학업을 포기하게 되었다. 골다의 부모는 고등학교 이상의 교육은 사치라 생

6 일반적으로 유대인 가정에서는 남녀 차별이 없다고 알려져 있으나 그렇지 않다. 성전에서의 기도와 노래는 오직 남자들에게만 허락되어 있으며, 유대교 근본주의자인 하레디Haredi의 경우 여성과 함께 앉지도 않는다.

각했다. 게다가 어머니는 '남자는 똑똑하고 현대적인 여성을 좋아하지 않는다'는 이유를 들기도 했다. 이 소식을 전해 들은 쉐이나는 골다를 덴버로 불렀다. 열다섯의 나이에 가출해 덴버로 향하던 골다 메이어는 이 결정이 자신이 훗날 이스라엘 건국의 일등 공신이 되고, 이스라엘 첫 여성 총리의 자리에 오르고, 원조 '철의 여인'이란 닉네임을 얻게 되는 시작이었음을 알 리 없었다.

덴버에 도착해 쉐이나와 함께 지내기 시작한 골다는 덴버 고등학교에 입학했고 늘 그래 왔듯 총명함을 뽐냈다. 결핵에 걸려 유대인 병원에서 치료받던 쉐이나는 같은 처지의 유대인들과 모임을 갖기 시작했다. 그 모임을 접한 골다는 학업 성취보다 유대인으로서의 각성에 더욱 매력을 느꼈다. 태어나자마자 러시아에서의 유대인 학대를 본능적으로 경험한 어린 골다에게 유대인이 팔레스타인에 정착해 국가 건설을 준비하고 있다는 소식은 짜릿함 그 자체였다.

골다 메이어는 덴버에서 고등학교를 졸업하고 부모가 있는 밀워키로 돌아와 정규 사범학교에 입학했다. 덴버의 모임에서 만난 모리스와 결혼하고, 자신이 원하던 교사가 될 수 있는 기회를 잡았다. 하지만 골다 메이어의 선택은 교사가 아닌 팔레스타인행이었다. 그럴 만한 뚜렷한 이유가 있었다. 우선 미국에서 반유대인 정서가 뚜렷해지기 시작했다. 1915년 흑인과 유대인을 비롯한 소수 민족을 공격하기 위해 KKK단[7]이 재건되어 급성장했고, 미국의 뛰어난 인종적 혈통이 무제한적인 이민에 의해, 특히 유대인에 의해 파괴되고 있다는 주장이 등장하기 시작한 것이다.[8] 하지만 결정적인 이유는 1917년 11월 영국 정부가 당시 점령지였던 팔레스타인에 유대 국가 건설을 지원하겠다고 한 '벨푸어 선언'이었다. 1918년 필라델피아에서 열린 미국 유대인 회의에서 최연소로 밀워키 유대인 대표에 선출된 골다 메이어는 팔레스타인행 편도 비행기에 몸을 실었다.

골다 메이어처럼 세계 곳곳에서 정착하고 있던 유대인들이 조직적으로 팔레스타인행 비행기와 배에 몸을 싣게 된 원인은 1894년 프랑스의 '드레퓌스 사건'으로 거슬러 올라간다. 알프레드 드레퓌스Alfred Dreyfus 대위가 증거도 없는 상황에서 독일에 군사 정보를 팔았다는 이유로 종신형을 선고받게 된 것은 단지 그가 유대인이었기 때문이었다. 드레퓌스는 오랜

7 1866년 남부 백인들이 결성한 인종차별적 극우 비밀조직. 1870년 즈음 폭력 단속을 위한 연방법에 의해 형식적으로 해체되었으나 1915년 활동을 재개했다.

8 매디슨 그랜트Madison Grant가 자신의 책 《위대한 인종의 쇠망》을 통해 주장했다.

법정 공방 끝에 1906년 무죄 판결을 선고받았는데, 이를 지켜본 오스트리아 일간지의 파리 특파원이었던 유대인 기자 테어도르 헤르츨Theodor Herzl이 《유대인 국가》라는 책을 통해 약속의 땅인 시온Zion[9]에 유대 국가를 건설해야 한다는 시오니즘을 주창하고, 1897년 스위스 바젤에 모인 시온주의자들이 예루살렘이 있는 팔레스타인에 유대 국가 건설을 천명하면서 이주가 본격화되었다. 유대인들은 서기 135년까지 팔레스타인 지역에 거주하다 로마에 의해 쫓겨났으며, 팔레스타인이 아브라함이 하느님께 약속받은 유대인의 땅이라 믿는다. 골다 메이어도 그중 한 명이었다.

팔레스타인 텔아비브에 도착한 골다는 곧바로 키부츠[10]에 가입했다. 환경은 척박하기 그지없었고, 유대인과 팔레스타인인들의 유혈 사태는 끊이지 않았다. 골다 메이어는 얼마 지나지 않아 키부츠의 부락 운영위원이 되었고, 유대노동자총연맹 여성노동위원회 서기를 맡게 되었다. 미국에서의 생활 덕분에 골다 메이어에게 해외 파견 임무가 주어졌고, 그녀는

9 다윗의 성지로 알려져 있는 예루살렘의 작은 산. 일반적으로 예루살렘을 의미한다.

10 유대인 이주자들의 집단 농장. 철저한 자치 조직에 기초를 둔 생활공동체 성격을 띤다.

Cinq Centimes

L'AURORE

Littéraire, Artistique, Sociale

J'Accuse...!

LETTRE AU PRÉSIDENT DE LA RÉPUBLIQUE

Par ÉMILE ZOLA

LETTRE A M. FÉLIX FAURE

소설 《목로주점》 《제르미날》 등으로 유명한 소설가이자 이상주의적 사회주의자였던 에밀 졸라 Émile Zola는 1898년 1월 13일 파리 일간지 《로로르》에 드레퓌스의 무죄와 프랑스 군지도부의 비열한 음모를 폭로한 글을 기고했다. 원제목은 '공화국 대통령 펠릭스 포르에게 보내는 편지'였으나 《로로르》 편집장의 권유로 '나는 고발한다'라는 제목으로 바뀌었다. 에밀 졸라는 이 기고로 인해 징역 1년형과 벌금 3000프랑을 선고받고 망명길에 올랐으나 드레퓌스의 무죄 판결이 난 1906년에 무죄를 선고받고 명예를 회복했다.

이 임무를 통해 유창한 연설과 대화 능력을 뽐내기 시작했다. 독일 출신 유대인으로 미국의 국무장관을 역임한 헨리 키신저Henry Alfred Kissinger는 그녀의 능력에 대해 이렇게 말했다.

"그녀는 사람의 마음과 사건의 핵심을 꿰뚫어보는 정신의 소유자였다. 유머 감각이 있었고 개성과 노련한 심리술을 동원해 대화를 주도했다."

이런 능력으로 서서히 알려지기 시작한 그녀의 이름은 이스라엘 건국에서 가장 중요한 인물인 다비드 벤 구리온[11]의 귀에 들어가 팔레스타인 자치령의 주요 지도자로 부상하게 되었다. 하지만 그녀가 유대 국가 수립의 주요 인사가 되면 될수록 가족들과는 멀어질 수밖에 없었다. 남편 모리스와는 별거하기 시작했고, 아이들은 다른 가족들에게 맡기기 일쑤였다.

1917년 영국이 팔레스타인에 유대 국가 건설을 지원하겠다는 내용의 '벨푸어 선언'을 한 것은 제1차 세계 대전에서 오스만 제국에 대항하는 연합을 구축하기 위한 일종의 꼼수였다. 벨푸어 선언이 있기 정확히 2년 전인 1915년, 영국은 팔레스타인 아랍인들에게도 오스만 제국에 대항하면 아랍 국가의 독립을 보장하겠다는 '후세인-맥마흔 선언'을 했기 때문이다. 전쟁에서 승리하기 위해 팔레스타인 영토를 볼모로 사기를 친 것이다. 골다 메이어가 유대인 국가 건설의 핵심 인물로 자리매김해 가던 1920년 오스만 제국의 패배로 팔레스타인은 영국령이 되었고, 벨푸어 선언을 믿은 수많은 유대인들이 약속의 땅 팔레스타인으로 이주하기 시작하면서 수천 년 동안 팔레스타인에 정착해 살던 아랍인과의 갈등이 수면 위로 떠오르게 되었다.

11 David Ben-Gurion. 이스라엘 초대 총리. 러시아에서 출생한 골다의 본명은 골다 마보비츠Golda Mobovitz였으나 다비드 벤 구리온의 제안에 따라 히브리어로 '빛을 만들다'라는 뜻의 메이어로 개명하였다.

1930년 유럽 각지 유대인들의 팔레스타인 이주가 폭발적으로 증가하자 불화는 격화되었고, 1933년 독일의 히틀러와 나치당이 정권을 잡고 유대인들에 대한 가혹한 학살을 자행하기 시작하면서 정점에 이르렀다. 이 시기 골다 메이어에게 주어진 역할은 전 세계를 돌며 유대인의 실상을 알리고 조직적인 후원을 독려하는 것이었다. 그녀는 유대 국가 건설의 정당성과 영국의 이중성을 폭로했다. 유대 국가 건설 지원을 약속한 영국을 비판하고 나선 것이다.

영국은 제1차 세계 대전 당시에도 그러했듯이 중동에서의 패권을 유지하기 위해 또다시 꼼수를 부렸다. 나치의 표적이 된 유대인들은 당연히 연합군의 편에 설 것이라 판단했기 때문에 아랍 세력들을 다독이기 위해 유대인들의 팔레스타인 이주를 철저히 관리하고 제한하기 시작한 것이다.[12] 팔레스타인 아랍인들은 이미 거대해진 유대인들과 유대 국가 건설을 약속한 영국을 상대로 게릴라 공격을 시작했고, 영국은 팔레스타인 인근 중동 국가들의 눈치를 보는 한편 자신들을 공격하는 팔레스타인 아랍 사회를 지속적으로 탄압하기 시작했

12 1939년 5월 영국 외상 베빈은 향후 5년간 유대인의 팔레스타인 이주를 7만 5000명으로 제한하며 동시에 유대 국가 건설 지원이라는 기존 정책을 포기하는 정부 백서를 발표했다.

다. 동시에 팔레스타인 유대인들은 자신들을 공격하는 아랍인들을 향한 복수를 멈추지 않았고, 이주를 제한하는 영국과도 맞섰으며, 동시에 나치에 대항해 연합군에 합류하기도 했다. 팔레스타인은 영국과 유대인, 아랍인 사이의 삼각 갈등으로 혼돈 그 자체였다. 골다 메이어는 이 혼란 속에서 전쟁경제 자문위원회 위원을 맡아 영국과의 협상을 주도했고, 유대인 지원병을 모집하는 등 대외 활동의 전면에 나섰다.

1945년 독일이 패망하고 제2차 세계 대전의 종식이 선언됨과 동시에 홀로코스트의 실상이 밝혀지면서 시오니즘과 유대 국가 건설에 대한 우호적 여론이 조성되었다. 영국은 더 이상 팔레스타인으로 향하는 유대인들을 제한할 의지도 여유도 없었다. 결국 영국 외무성은 팔레스타인 문제를 유엔에 넘기기로 했고, 1947년 11월 29일 유엔 특별위원회는 팔레스타인 지역을 아랍인 국가(팔레스타인)와 유대인 국가(이스라엘)로 나누고 이슬람교, 유대교, 기독교의 성지인 예루살렘을 국제 관리하에 두는 분할안을 채택하였다. 이에 유대인들은 환호했고, 팔레스타인 아랍인들과 주변 아랍 국가들은 일제히 분노했다. 이로 인해 이후 몇 개월간 유대인과 아랍인 사이의 긴장은 최고조에 달했다.

1948년 5월 14일 영국의 통치가 공식적으로 막을 내렸고 같은 날 자정 다비드 벤 구리온을 비롯한 유대인 지도자들은 기습적으로 이스라엘의 건국을 선언했다. 반주 없이 애국가인 하티크바(희망)를 부르고 독립 선언문 전문을 읽었다. 골다 메이어는 독립 선언문에 서명한 지도자 중 한 명이었다. 하지만 건국의 기쁨은 채 한 시간도 가지 않았다. 팔레스타인 아랍인은 물론 이집트와 레바논, 요르단, 이라크, 시리아가 팔레스타인을 에워싸고 전면전을 선포한 것이다. 이스라엘 건국과 동시에 제1차 중동 전쟁이 시작된 것이다.

이스라엘은 건국과 동시에 역사에서 사라질 위기에 처했다. 아랍 진영은 압도적인 화력을 바탕으로 일주일이면 전쟁을 끝낼 수 있을 것이라 자신했다. 하지만 결과는 이스라엘의 완승이었다. 자신감에 가득 차 있던 아랍 연합군이 전쟁 시작한 달 뒤 유엔의 무기 금수를 포함한 휴전 제안을 덥석 받아문 것이다. 휴전 기간 동안 이스라엘과 아랍 연합 모두 전열을 정비할 수 있었으나 이스라엘에 더 유리했다. 이미 전쟁 기간 중에 미국이 이스라엘의 건국을 승인한 데다 소련이 금수 조치를 어기고 비밀리에 무기를 공급했기 때문이었다.[13] 또한 아랍 연합군은 각자 중동 패권을 쥐기 위해 다른 꿈을 꾼 탓에

13 소련의 스탈린이 체코슬로바키아에 압력을 넣어 최신 무기를 공급했다. 주로 밤에 이루어져 '검은 작전'이라 불린다.

전술의 일사불란함이 없었으나 이스라엘은 목표가 명확하고 절실했다.

제1차 중동 전쟁의 승리에는 골다의 역할이 컸다. 그녀는 이스라엘 건국과 동시에 전쟁이 벌어지기 1년 전부터 세계 곳곳에서 유대인들의 지지와 지원을 만드는 데 혁혁한 공을 세웠다. 골다 메이어는 전쟁 중인 1948년 소련을 방문한 첫 이스라엘 외교관이기도 했다.

1949년 7월 20일 시리아와의 휴전 협정을 끝으로 모든 주변국과 휴전을 체결한 이스라엘은 다비드 벤 구리온을 초대 총리로, 골다 메이어를 노동부 장관으로 임명했다. 1947년 유엔이 할당한 이스라엘의 영토는 56퍼센트였으나 전쟁이 끝난 뒤 80퍼센트까지 확장되었다. 영토의 확장은 승전국 이스라엘에게 주어진 일종의 전리품이었다. 팔레스타인인들에게는 이집트가 차지한 가자 지구와 요르단이 차지한 서안 지구West Bank만이 주어졌다.

골다 메이어는 노동부 장관에 임명된 그 시기를 가장 행복하게 기억했다. 팔레스타인 영토의 80퍼센트를 차지한 뒤 이주 유대인들에게 직업을 배정하고, 도로를 정비하고, 시설을 확장하던 그 시기 말이다. 하지만 긴장은 수그러들지 않았다. 외무장관을 맡고 있던 1956년 이집트의 나세르 정권이 소련을 등에 업고 수에즈 운하를 국유화하자 수에즈 운하의 주식을 상당수 보유하고 있던 프랑스와 영국이 군사 행동을 계획했고 여기에 이스라엘이 동참하면서 제2차 중동 전쟁이 일어난 것이다. 이스라엘·프랑스·영국 연합은 승리했으나 선제공격에 대한 국제적 비난 여론은 아랍권의 결집을 불러왔고, 프랑스와 영국이 완전히 떠난 자리에 미국과 소련이 등장하면서 새로운 갈등 국면이 초래되었다. 전쟁 직후 이스라엘 대표로 유엔 총회에 참석한 골다 메이어가 비난의 대상이 된 건 당연한 결과였다.

이후 골다 메이어는 1963년 다비드 벤 구리온이 사퇴하자 함께 공직을 떠났다. 하지만 그녀를 기다리고 있던 것은 제3차 중동 전쟁(6일 전쟁)이었다. 이 전쟁에서 압도적인 화력을 과시하며 승리한 이스라엘의 에쉬콜 총리가 급사하는 사건이 벌어지자 이스라엘 국민은 주저 없이 71세의 골다 메이어를 총리 자리에 올렸다. 1969년 이렇게 이스라엘 최초의 여성 총리가 탄생했다. '철의 여인'이라 불리는 마거릿 대처Margaret Thatcher가 영국 총리 자리에 오르기 8년 전이다.

총리 자리에 오른 그녀를 기다리고 있던 것은 평화가 아닌 또 다른 전쟁 '테러'였다. 1972년 팔레스타인 테러단인 '검은 9월단'이 뮌헨 올림픽에 참석한 이스라엘 선수단 11명을 납치한 것이다. 테러단은 이스라엘이 억류하고 있는 팔레스타인 수감자 200명 등의 안전한 석방을 요구했으나 골다 메이어는 단호히 거절했고, 결국 11명의 인질이 모두 살해당하고 말았다. 골다 메이어는 즉각 'X위원회'란 이름의 특별 기구를 꾸리고 '신의 분노'란 작전명으로 납치에 가담한 모든 테러범의 살해를 지시했다. 골다 메이어가 지시하고 모사드가 주도한 이 작전은 20년 동안 관련자 수십 명을 암살한 끝에 종결됐다.[14] 이스라엘 국민들은 이런 골다 메이어의 무자비한 단호함에 존경과 환호를 보냈다. 또한 서독 수상 빌리 브란트Willy Brandt가 1973년 이스라엘을 방문해 나치의 만행에 대해 공식적으로 사죄하자 골다 메이어가 "당신의 진심을 받아들이겠습니다. 용서하겠습니다. 그러나 잊지 않겠습니다"라고 답변한 역사적인 사건도 있었다.

같은 해 10월, 시리아의 공격을 보고받았으나 선제공격을 하지 않아 1만 명의 사상자가 발생하고 말았다. 바로 제4차 중동 전쟁이다. 소련을 등에 업은 시리아의 공격을 미국의 지

14 미국의 시사주간지 《타임》의 중동 전문가 아론 J. 클라인Aaron J. Klein에 따르면 모사드가 암살한 대부분의 사람들은 사건과 직접적인 연관이 없었다고 한다. 유대인인 스티븐 스필버그는 홀로코스트를 다룬 《쉰들러 리스트》에 이어 뮌헨 올림픽 테러를 다룬 《뮌헨》까지 감독했다.

원으로 간신히 막아낼 수 있었지만 국민들은 선제공격을 지시하지 않은 골다 메이어를 비난했다. 그럼에도 이듬해 이스라엘 국민은 골다 메이어를 다시 총리로 선출하였다. 하지만 오랜 활동으로 인해 그녀의 육체는 망가져 있었다. 그녀는 결국 오랫동안 앓아온 림프종이 악화되어 은퇴하고 말았다.

골다 메이어는 투병 끝에 1978년 12월 8일 사망했고, 제3차 중동 전쟁으로 손에 넣은 성지 예루살렘에 안장되었다. 그녀는 이스라엘 건국의 일등 공신이었고, 이스라엘 유대인들이 존경하는 애국의 아이콘이었으며, 영국의 마거릿 대처 이전의 원조 '철의 여인'이었다. 여기까지는 모두 팔레스타인에 국가를 건설한 유대인과 이스라엘의 입장이다.

제4차 중동 전쟁 직후인 1973년 11월 1일 미국 대통령 리처드 닉슨과 함께한 골다 메이어. 닉슨 대통령 우측에 있는 사내가 바로 당시 미국의 국가안보보좌관이었던 헨리 키신저다.

왕의 시대: 누군가의 건국, 누군가의 나크바

1947년, 팔레스타인 분할 계획을 담은 유엔 총회 결의안 제181호가 투표에 붙여졌다. 결과는 찬성 33표, 반대 13표, 기권 10표. 아랍 국가들이 일제히 반대했으나 결의안은 채택됐다. 아랍 국가들은 해당 국가의 인구 절대 다수가 반대하는 안건을 문제 삼으며 국제사법재판소에 재소했지만 그마저도 패소하고 말았다. 유엔에서 분할 계획이 결정되던 시기, 유대인은 팔레스타인 거주 아랍인들에 비해 인구는 절반도, 토지는 10분의 1도 되지 않았다. 팔레스타인에서 마땅한 정치 세력도 없이 평화롭게 부락을 이루며 삶을 영위하던 아랍인들은 갑작스레 내몰리게 되었다. 이 참상의 원인은 시오니즘도 시온주의자도 아닌 영국이 제공했다.

> "신부는 곱고 아름다웠다. 하지만 이미 다른 남자와 결혼해 살고 있었다."

1897년 스위스 바젤에서 개최된 시온주의자 회의 이후 팔레스타인을 둘러본 유대인 지도자들이 유럽에 돌아가 보고하면서 한 말이다. 축복과 약속의 땅 팔레스타인이 아랍인들의 영토라는 것을 그들도 알고 있었다. 팔레스타인에 고통의 씨앗을 뿌린 당사자는 영국이었다. 그들은 연이은 세계 대전에서의 승리와 중동 지역에서 패권을 위해 팔레스타인을 두고 유대인 그리고 아랍인 모두에게 독립 국가 건설이라는 조건을 내걸고 이중 계약을 맺었다. 영국이 상황에 따라 유대인의 팔레스타인 이주를 제한했다면 팔레스타인 아랍인들을 향해서는 공격을 자행했다. 영국이 위임 통치를 하던 1920년부터 1948년까지 팔레스타인 아랍 사회는 영국에 의해 붕괴되었고, 지도자들은 모두 제거되거나 국외로 추방당했다. 1935년 당시 가장 유명한 아랍 종교 지도자 알 카삼 역시 영국군과의 전투 중에 사망했다. 그래서일까. 하마스[15]의 무장 조직 이름은 알 카삼의 이름을 따서 지었다.

팔레스타인 아랍인들의 저항도 극에 달했지만 유대인의 방식 역시 많은 이들의 치를 떨게 할 만큼 잔인했다. 암살을 주 임무로 하는 스턴갱Stern Gang과 납치와 테러를 주 임무로 하는 이르군Irgun이 대표적이다. 유대인 테러 단체인 스턴갱과 이르군은 팔레스타인인들은 물론 영국에도 무차별적인 공격을 가했다. 유엔의 분리 독립 결의안이 채택되기 1년 전인 1946년

15 1987년 아마드 야신이 창설한 팔레스타인의 저항운동 단체로 급진적이고 과격하다. 하마스의 최대 무장(군사)조직 이름이 '알 카삼 여단'이다.

스턴갱과 이르군은 예루살렘 캠프 데이비드 호텔에 위치한 영국군 본부에 폭탄 테러를 자행해 91명의 사상자를 내기도 했다. 아이러니하게도 유대인이 군사적 측면에서 팔레스타인 아랍인과 주변 아랍국에 비해 월등할 수밖에 없었던 이유는 두 차례의 세계 대전에서 영국군을 지원하며 습득한 경험 덕분이었다.

팔레스타인에서 유대인은 결국 승리했다. 이 지역에서 영국의 통치가 종식됐고, 유엔의 분리 독립 결의안 가결로 팔레스타인 영토의 56.47퍼센트를 획득해 이스라엘을 건국하고야 만 것이다. 훗날 스턴갱과 이르군은 이스라엘 정규군에 편입되었고, 이를 지휘했던 이츠하크 샤미르와 메나헴 메긴은 총리의 자리에 올랐다.

유대인들은 1948년을 이스라엘 건국이라는 환희로 기억하는 반면, 팔레스타인인은 영토를 빼앗기고 수많은 사람들이 쫓겨나고 사망한 재앙, 즉 나크바Nakba[16]로 기억한다. 팔레스타인 중앙통계청에 따르면 이스라엘 독립 전과 독립 후 곧바로 개전된 제1차 중동 전쟁으로 80만 명의 팔레스타인인들이 강제 이주했으며, 1300여 개의 마을 중 531개가 완전히 파

16 아랍어로 '재앙'이라는 뜻.

괴되었다. 하지만 나크바는 1948년에 끝나지 않았다. 제2차 중동 전쟁이 유엔의 중재로 1956년 11월 6일 정전된 직후인 11월 20일에 이스라엘군이 가자 지구의 칸 유니스 마을과 라파에서 팔레스타인인 386명을 학살한 것이다. 2002년부터 2004년까지 이스라엘과 팔레스타인의 무력 충돌로 팔레스타인인 3220명, 이스라엘인 450명이 사망했다. 2008년 12월 27일부터 22일 동안 이스라엘이 가자 지구를 공격하여 1417명의 팔레스타인 주민이 목숨을 잃었다. 가자 전쟁이라 이름 붙은 22일 동안 이스라엘의 유대인 사망자 수는 다섯 명뿐이었다.

지금 언급한 사례들은 수십 년간 이어진 분쟁의 극히 일부일 따름이다. 1987년 팔레스타인인들이 짱돌로 저항한 민중 봉기 인티파다Intifada[17]는 이스라엘 군인이 군용차로 가자 지구 난민 청년 네 명을 치어 죽인 것에서 촉발됐다. 하지만 시대는 늘 아랍권(좀 더 넓게는 이슬람권)을 잔인한 폭력과 테러의 주체 혹은 배후로 지목해왔다. 19세기 말 가혹하고 잔인했던 반유대주의처럼 말이다.

아랍-이슬람권은 종교적 덕목과 윤리를 최고의 가치로 신봉한다. 그리고 여러 사상과 문화를 수용하고자 했던 융화력

17 아랍어로 '봉기'라는 뜻.

과 관용 그리고 종교적 관대함이 있었기에 그 옛날(7~8세기) 짧은 시기에 거대한 영토로 세력을 확장할 수 있었다. 하지만 지금 아랍을 바라보는 시선에서는 관용과 융화 등을 찾아볼 수 없다. 그저 잔혹하기 그지없는 '자살 폭탄 테러'의 주인공으로만 바라볼 뿐이다. 전 세계 언론을 통해 끊임없이 팔레스타인의 테러와 이에 대한 이스라엘의 보복 공격 현장이 보도되지만 분쟁의 원인과 성찰은 공유되지 않는다. 역사와 여론은 건국을 완수하고 연이은 전쟁에서 승리한 이스라엘의 편이었다. 그 뒤에는 전 세계 유대인들의 끊임없는 지원, 분쟁의 빌미를 제공한 영국과 초강대국 미국의 협조가 있었다. 특히 미국의 절대적인 협조는 미국을 향한 아랍권의 분노와 증오를 낳았다.

19세기 말 잔인하고 포악했던 반유대주의의 기저에는 배타적 민족주의가 깔려 있었다. 히틀러의 나치가 유대인을 제물로 삼았던 이유는 예수를 죽게 했다는 데 대한 종교적 복수도, 전 세계를 지배할 음모를 꾸미고 있다는 음모론적 상상 때문도 아니었다. 그저 제1차 세계 대전 패배의 상처를 제멋대로 치유하기 위해 화풀이할 대상으로 약자인 유대인을 선택한 것뿐이었다. 드레퓌스가 그러했듯 유대인이기 때문에 증오의 대상이 될 수밖에 없었던 공포의 시대였다.

하지만 팔레스타인에서 유대인이 보여준 건국과 전쟁, 폭력의 역사 역시 배타적 민족주의와 크게 다를 바 없다. 팔레스타인인들은 여전히 가자 지구와 서안 지구에서 철저히 고립된 채 난민이나 다름없는 삶을 지속해나가고 있다. 출입 통제는 물론, 분리 장벽[18]과 같은 거대한 물리적 차단을 통해서 말이다. 이스라엘인의 건국의 역사가 팔레스타인인에게는 참혹한 침략의 역사인 것이다.

팔레스타인인들은 유엔의 분리 독립안에 반대했다. 평화롭던 자신들의 영토의 반을 잃는 결정이었기 때문이다. 연이은 전쟁에서의 패배로 그들의 영토는 20퍼센트로 줄었다. 팔레스타인인들은 분리 독립안의 영토를 요구했으나 받아들여지지 않았다. 그나마 보장받은 가자 지구와 서안 지구에는 유대인 정착촌이 들어서고 이를 보호한다는 명분으로 이스라엘군이 주둔하면서 고립과 붕괴는 더욱 가속화됐다.

결국 팔레스타인인들의 요구는 가자 지구와 서안 지구의 완전한 보장과 이를 통한 팔레스타인 국가 건설로 귀결된다. 이 요구는 오랫동안 이스라엘과 이스라엘의 우방인 강대국에

18 테러로부터 유대인을 보호한다는 목적으로 예루살렘과 서안 지구를 분리한 장벽. 총 700킬로미터가 넘는 이 장벽으로 인해 서안 지구는 완벽하게 봉쇄되었다.

의해 묵살되어 왔다. 그러나 2012년 11월 29일 유엔 총회에서 팔레스타인을 기존의 참관 단체에서 참관 국가로 격상시키는 안건이 찬성 183표, 반대 9표, 기권 41표로 통과되어 팔레스타인은 자치 단체 혹은 정부가 아닌 국가의 지위를 얻게 됐다. 이 표결에서 이스라엘과 미국은 반대표를 행사했으며 우리나라는 기권했다. 팔레스타인은 정회원국 자격을 신청하기도 했으나 안전보장이사회의 상임이사국인 미국의 거부로 무산되었다.

미국은 이스라엘이 건국을 선포했을 때부터 중동 패권 장악 수단의 일부로 이스라엘을 지원했다. 여기에는 미국 내 강력한 유대인 사회의 영향력도 한몫했다. 2016년 4월 16일 미국의 민주당 대선후보 경선 토론회에 참석한 버니 샌더스는 자신이 유대인임에도 불구하고 "증오와 전쟁으로 점철된 그 지역에 평화를 가져다주려고 한다면 우리는 팔레스타인 사람들에 대해서도 똑같은 존경과 존엄을 갖고 대해야 할 것이다"라고 말했다. 토론회가 열린 장소는 유대계 자본이 장악하고 있는 뉴욕의 한복판이었고, 뉴욕의 유대인들은 분노했다.[19] 결국 버니 샌더스는 뉴욕 주 경선에서 욕만 바가지로 먹고 경

19 뉴욕 인구의 8.9퍼센트인 175만 명이 유대인이다.

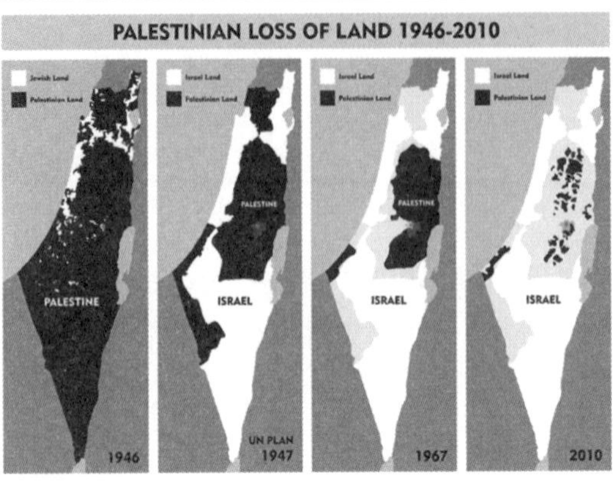

이스라엘과 팔레스타인의 영토 변화 지도. 서안 지구West Bank는 유대인 정착촌이 지속적으로 들어서면서 더욱 축소되었다. (출처: Jewish Voice for Peace-Chicago)

쟁자인 힐러리 클린턴에게 패했다. 하지만 이런 광경이 낯설지만은 않다. 이스라엘의 가자 지구 공격을 비판한 배우 하비에르 바르뎀, 페넬로페 크루즈 부부, '팔레스타인과 이스라엘 모두를 위해 평화를 원한다'고 말한 가수 리한나도 비난의 맹폭을 당했으니 말이다.

과연 '현대사의 가장 잔인하고 악랄한 점령 체제'라 불리는 이스라엘-팔레스타인에 한 세기 가까이 볼 수 없었던 평화와 안정의 분위기가 피어날 수 있을 것인가. 이스라엘은 여전히 팔레스타인을 국가로 인정하지 않고 있으며, 차기 미국 대통령으로 점쳐지고 있는 힐러리 클린턴 역시 "이스라엘의 안보는 절대 협상 불가한 것이며, 당선되면 가장 먼저 이스라엘 총리를 백악관에 초청할 것"이라 말했다. 친이스라엘 노선을 견지하고 있는 버락 오바마의 그 유명한 선거 운동 구호 'Yes We Can'은 유대인 선거 전략가 엑설로드David Axelrod의 머리에서 나왔다.

유대인은 오바마의 선거 운동 구호처럼 해내고야 말았다. 팔레스타인 지역에 유대 국가 이스라엘을 건설했으며 막강한 영향력을 행사하고 있다. 수천 년 동안 전 세계를 떠돌던 그들은 이제 수많은 이들에게 인종적 우수성마저 인정받고 있다. 하지만 그 이면에 팔레스타인인들을 향한 증오와 폭력이 존재하고 있음을 부정할 수 없다. 팔레스타인의 극단적 저항에 대한 비난에 이스라엘의 잔인한 학살과 보복에 대한 비판이 반드시 뒤따라야 하는 이유다.

"현명함은 경험에 비례하는 것이 아니라 경험을 받아들이는 능력에 비례한다"는 영국의 작가 조지 버나드 쇼George Bernard Shaw의 말처럼 한 세기 동안 지속된 이스라엘-팔레스타인 분쟁이 우리에게 단순한 경험이 아니라면 유대인이 만든 구호 'Yes We Can'은 적어도 이 순간 고통과 폭력의 대상이었던 팔레스타인인들의 몫이 되어야 할지도 모른다. 물론 하늘에 있는 골다 메이어는 땅을 치며 반대하겠지만 말이다.

할인왕
알브레히트 형제

"Everyone lives by selling something."

"사람은 누구나 무엇을 팔며 산다."

로버트 루이스 스티븐슨 Robert Louis Stevenson

할인이 만들어낸 유통 전성시대

"유통이란 상품이나 서비스를 생산자로부터 소비자에게 이르게 해주는 모든 경제 활동을 말한다."

좋든 싫든 한국을 대표하는 기업인 삼성의 창업자 이병철과 현대의 창업자 정주영에게는 공통점이 있다. 선뜻 떠오르지 않는다면, 글로벌 시대를 살고 있는 만큼 조금 더 시야를 넓혀 나이키의 창업자 필 나이트Phil Knight, 코카콜라의 창업자 아사 캔들러Asa Candler, 노스페이스의 창업자 더글러스 톰킨스Douglas Tompkins까지 살펴보자. 이들 모두에게는 공통점이 있다. 바로 그 모든 사업이 '유통'에서 시작되었다는 것이다.

현대그룹의 모태는 부산에서 시작된 현대토건으로 알려져 있지만, 사실 창업자인 정주영이 처음 시작한 사업은 일제강점기 신당동에서 시작한 쌀가게 경일상회였다. 삼성의 시작은 창업자 이병철이 대구 북성로 인근에서 농산물과 별표 국수 등을 판매하던 삼성상회였다. 정주영은 인근 정미소뿐만 아니라 황해도 연백 등의 산지에서 쌀을 직접 반입해 높은 마진을 남겼다. 일제가 쌀 자유 판매를 금지하고 배급제를 시행하면서 사업을 접었으나 1000원이나 되는 이윤을 남겼다고 전해진다.[1] 이병철은 대구 근교에서 생산된 청과물과 포항 등지에서 생산된 건어물을 매입해 중국과 만주 등에 팔았다. 이렇듯 이 둘은 누군가의 생산품을 가져다 소비자에게 판매한 상인, 즉 유통업자였다.

나이키의 필 나이트는 일본 아식스의 전신인 오니츠카 타이거의 운동화를 수입해 판매하던 블루리본으로 사업을 시작했고, 코카콜라의 아사 캔들러는 약제 도매상을 하던 중 존 펨버턴John Stith Pemberton 박사에게 그가 개발한 청량음료의 권리를 2300달러에 사들여 코카콜라를 시작했다. 아웃도어 의류 제품의 대명사 노스페이스는 창업자 더글러스 톰킨스가 17세

1 당시 중앙은행의 초봉이 70원이었다.

에 가출해 아르바이트를 전전하다 유럽의 암벽과 설원을 경험한 뒤 빌린 돈 5000달러로 유럽의 좋은 장비를 수입해 팔면서 시작되었다.

이상의 기업들은 유통의 한 부분인 도매 혹은 소매를 통해 시작되었다. 창업자들은 모두 상인이었고, 이익을 얻기 위해 물건을 떼서 파는 장사꾼이었다. 그들은 모두 유통을 기반으로 거대한 제조 기업을 만들어냈다. 그들이 유통에서 시작한 이유는 간단하다. 소자본으로 시작할 수 있고, 제조업보다 관리가 쉬우며, 운만 따른다면 한 번의 계약으로 혹은 한 번의 구매로 일확천금을 노릴 수도 있기 때문이다.

산업이 고도화되고 생산물이 넘쳐나면서 산업 구조는 더욱 치밀하게 분업화되었고, 생산자와 소비자를 연결하는 유통의 비중이 더욱 커졌다. 제조업에 비해 상대적으로 위험성이 덜한 유통 분야에 수많은 신흥 강자들이 속속 등장했는데, 바로 세계 곳곳에 체인을 둔 월마트Wal-Mart(1962년 창업), 테스코Tesco(1919년 창업), 까르푸Carrefour(1963년 창업), 코스트코Costco(1983년 창업) 등의 대형 할인 유통업체들이다. 그들은 오프라인 대형 유통업체의 본좌였던 백화점을 무너뜨리고 왕좌에 올랐다. 현재는 아마존Amazon과 알리바바Alibaba로 대표되는 인터넷 온라인 쇼핑몰이 오프라인 대형 할인마트를 위협하고 있는 형국이다. 온-오프라인을 넘나드는 이 경쟁의 핵심은 바로 얼마나 '싸게' 즉 누가 더 '할인'하느냐에 있다.

이러한 할인 경쟁 시대에 다소 생소하지만 돋보이는 기업이 있다. 바로 18개국에 9000여 개의 점포(2015년 3월 기준)를 보유한 알디Aldi, Albrecht Discount다. 알디라는 낯선 독일 기업의 명성은 자국인 독일에 한정되어 있지 않다. 알디는 매장 평균 면적이 850제곱미터로 거대하지도 화려하지도 않지만 영국에 진출하여 영국 1위, 세계 2위이자 매장 평균 면적 4500~1만 2000제곱미터를 자랑하는 테스코보다 무려 평균 22퍼센트 저렴하게 물건을 판매하며 테스코의 똥줄을 타들어가게 하고 있다. 2001년 진출한 호주에서는 토종 식료품 공급업체인 울워스Woolworths, 콜스Coles의 간담을 서늘케 하고 있다. 게다가 독일 홈경기에서 글로벌 1위 유통 기업인 월마트를 퇴출시키고, 미국 원정경기에서는 알디는 물론 트레이더 조Trader Joe's라는 브랜드를 추가해 세력을 확장하고 있으며, 세계 최대 시장 중 하나인 중국 진출을 모색하고 있다. 이 모든 것이 가능했던 이유는 바로 범접하기 힘든 알디의 '할인'이다.

흥미로운 것은 '하드 디스카운트 스토어 최강자'라는 별명으로 전 세계를 호령하고 있는 알디의 창업주가 독일 최고의 부자이면서도 엄청나게 검소하며 외부에 사생활을 절대 노출하지 않는 은둔의 아이콘이라는 사실이다. 알디의 창업주이자 '할인왕'으로서 손색이 없는 그들. 바로 알브레히트 형제다.

알브레히트 형제

1914년 독일을 대표하는 탄광 도시 중 하나인 에센Essen의 허름한 건물 2층에 살고 있던 안나 알브레히트에게 청천벽력 같은 소식이 전해졌다. 7월 18일 오스트리아-헝가리 제국과 세르비아의 전쟁으로 촉발된 제1차 세계 대전에 독일이 참전을 선언하면서 남편이 징병된 것이다. 안나는 생계를 위해 허름한 식료품 상점을 운영하기 시작했다. 인근의 빵 공장에서 빵을 가져다 팔았고, 오크통의 와인을 병에 담아 팔기도 했다. 4년 동안 지속된 지긋지긋한 전쟁은 1918년 11월 독일과 연합국의 휴전 협정 체결로 막을 내렸고, 다행히 남편도 살아 돌아왔다. 돌아온 남편이 얼마나 반가웠을지는 두말하면 잔소리. 1920년 형 카를 알브레히트Karl Hans Albrecht와 1922년 동생 테오 알브레히트Theo Albrecht가 태어났다. 전 세계 유통업계를 호령하게 될 알브레히트 형제가 세상에 등장한 것이다.

독실한 가톨릭 집안에서 평범한 유년기를 보낸 형 카를은 인근의 고급 식품 판매점인 바일러Weiler에서 점원으로 일했고, 동생 테오는 어머니의 식료품 상점 운영을 도왔다. 하지만 잠시 동안의 평화가 끝나고 1939년 사상 최대 규모의 전쟁인 제2차 세계 대전이 일어났다. 아버지가 그러했듯 형제도 모두 참전하게 되었고, 아버지가 그러했듯 1945년 독일의 항복과 함께 연합군 포로수용소에 수감되어 있던 형제 역시 무사히 어머니 곁으로 돌아왔다. 1948년 아버지가 사망하자 알브레히트 형제는 어머니로부터 상점을 물려받았다. 이때부터 전 세계를 호령하는 하드 디스카운트 스토어 알디의 진짜 역사가 시작된다.

전후 독일 그리고 알디의 시작

1945년 5월 8일 베를린 공방전에서 패하고 히틀러가 자살하자 독일은 항복을 선언했다. 패전국 독일은 전쟁을 치르는 동안 인구의 10퍼센트가 목숨을 잃었고, 부채는 국내총생산GDP, Gross Domestic Product[2]의 200퍼센트에 이르렀으며, 영토의 4분의

2 국적을 불문하고 한 나라 영역 안에서 일정 기간 창출해낸 모든 생산물을 시장 가격으로 평가한 합계.

1을 잃었다. 그나마 남아 있던 영토는 미국, 영국, 프랑스, 소련이 사이좋게 사등분해 분할 통치했으며, 미국과 영국, 프랑스가 점령한 영토를 합치기로 합의해 서독이 탄생하고 베를린 장벽을 경계로 소련의 동독과 분단되었다. 두 차례의 전쟁으로 인해 분단은 물론 독일 국민의 삶도 궁핍의 정점을 찍었고, 터키와 이탈리아 등에서 이주민이 쏟아져 들어오기 시작했다. 이러한 전후 독일의 혼란 속에서 알브레히트 형제의 알디가 시작된 것이다.

알브레히트 형제는 생계유지를 위해 상점을 운영했던 어머니와는 달랐다. 형제는 매우 단순하고 확고한 원칙을 세웠다. '다른 상점보다 무조건 더 싸게 판다는 것'이었다. 탄광 도시 출신답게 형제는 상점의 지하에 땅굴을 파서 우유와 버터 같은 식료품의 신선도를 유지하며 저렴하게 판매했다. 1950년대부터 냉장고와 냉장시설이 보급되기 시작했으나 형제는 최저가를 유지하기 위해 계속 땅굴을 고집했다. 하지만 그것만으로는 부족했다. 이때부터 형제는 수요를 예측하기 시작했다. 땅굴을 이용한 보관에는 한계가 있으므로 수요를 예측해 필요량만을 공급받아 판매하는 방식을 적용한 것이다. 시설, 재고 등 유통에 필요한 주요 비용을 절감함으로써 최저가를 실현한 것이다. 경제적으로 풍족하지 않았던 고객들은 자연스레 알브레히트 형제의 상점을 찾기 시작했다.

물이 들어오고 있음을 간파한 알브레히트 형제는 노를 젓기 시작했다. 형제는 모든 비용을 절감해 '최저가 넘사벽'을 쌓아올렸다. 큰 매장, 화려한 인테리어를 배제했고, 직원이 상품을 일일이 진열하는 대신 고객이 직접 집어가게 함으로써 노동력을 최소화했다. 그리고 꼭 필요한 식료품과 생필품을 소품종 최저가로 공급하기 시작했다.[3] 이를 통해 알브레히트 형제의 상점이 곧 최저가라는 인식이 사람들 사이에 자리 잡기 시작했다. 더불어 마셜 플랜[4]으로 알려진 유럽 부흥 계획이 미국에 의해 진행되면서 서독의 재건, 경제 성장의 바람이 소비를 촉진하기 시작했다. 물도 들어온 데다 순풍까지 불기 시작한 것이다.

순풍에 돛까지 단 알브레히트 형제는 어머니에게 상점을 넘겨받은 지 5년 만에 31개의 매장을 오픈해 연간 매출액 600만 마르크를 달성했다. 1960년 매장 수는 10배인 300개로 늘어

3 사업 초기에는 가벼운 손상을 입은 상품을 매입해 최저가로 판매했다.

4 마셜 플랜Marshall Plan은 제2차 세계 대전 이후 황폐화된 유럽의 동맹국 재건, 원조를 위해 미국이 1947년 6월에 마련한 계획이다. 미국의 국무장관 조지 마셜George Marshall이 제창한 탓에 마셜 플랜으로 불리며 원조를 통해 유럽에서의 공산주의 확산을 막는 것이 목적이기도 했다.

여전히 에센에 자리 잡고 있는 알디의 오리지널 스토어의 현재(좌)와 과거(우). 알디의 시작을 알린 역사적인 곳임에도 불구하고 그들이 추구하는 원칙이 고스란히 담긴 소박한 모습을 하고 있다.

(출처: 위키피디아)

났고, 매출액은 17배인 1억여 마르크가 됐다. 1961년 알브레히트 형제는 자신들이 건설한 하드 디스카운트 스토어 체인의 이름을 '알디'로 바꾼 뒤 정확히 이등분해 형 카를이 남부 지역Aldi South을, 동생 테오가 북부 지역Aldi North을 나눠 가졌다. 형제는 '최고 품질의 상품을 가장 싸게 판다'는 철칙은 공유했으나 담배 판매를 두고 의견이 갈리면서 둘로 나뉘게 됐다고 전해진다. 매장 및 토지의 소유 형태, 냉장·냉동식품의 공급 등을 놓고 견해차가 있었다고도 한다. 하지만 알디는 주식회사가 아닌 유한회사[5]의 형태로 지금까지도 형제 가족의 재산이나 다름없으며, 운용 전략은 행정이사회를 통해, 상품의 매입 역시 두 개의 매입 회사를 통해 일괄적으로 이뤄지고 있다. 이렇듯 알디는 유혈이 낭자한 형제의 난 대신 매우 평화롭고 단순하지만 합리적인 방식으로 분할되었다.

이렇게 독일 시장을 남과 북으로 나눠 정복한 형제는 해외 진출도 사이좋게 나눠 진행했다. 형 카를의 알디 사우스는 남유럽과 호주, 미국에 진출했고, 동생 테오의 알디 노스는 구동독과 프랑스, 스페인 등에 진출했다. 형제는 독일 시장을 정복하고 해외 진출을 진행하면서 독일을 대표하는 하드 디스카운트 스토어로서의 체계를 더욱 견고히 했다. 알디는 매장과 인건비 등의 비용을 최소화하고, 경쟁력 있는 소품종[6]만을 공급한다. 그리고 자체 브랜드PB 상품의 비율을 90퍼센트로 유지하며, 광고는 체면치레하는 정도로만 진행하는 동시에 대형 유통업체에 비해 마진[7]을 적게 취해 가격 경쟁력에서 우위를 확보했다. 1980년대부터 보급되기 시작한 바코드는 거들떠보

5 유한회사limited company란 19세기 말 독일이 중소기업을 육성하기 위한 방책으로 중소기업가들에게 유한 책임제를 적용시킨 데서 유래되었다. 주식회사와 유사한 형태이나 설립이 쉽고, 자본금 제한 규정이 없으며 회사 소유주가 직접 의사 결정을 할 수 있다.

6 알디의 취급 품목은 2016년 기준 3500개로 테스코의 4만 5000개, 월마트의 12만 개에 비해 매우 적다.

7 일반적인 대형 유통업체는 18~20퍼센트의 마진을 취하는 데 반해 알디는 12퍼센트 정도만 취하고 있다.

지도 않은 채 직원들에게 가격을 외우게 해 계산기를 직접 두드리게 했고[8] 운송차량의 타이어는 홈을 더 파내 오래 쓰도록 했을 뿐 아니라 매장에 전화를 놓는 것조차도 오랫동안 금기시해왔다.

알디의 성공은 알디만의 특징인 미친 절약만으로 이룬 게 아니었다. 우선 독일의 통일이 그들에게 행운을 가져다줬다. 1990년 독일 통일 이후 중산층의 세금이 높아지면서 저소득층 중심이었던 기반이 순식간에 중산층까지 확대되었다. 때맞춰 알디는 식료품 외에도 다양한 상품을 취급하기 시작했는데 1995년 당시 무명이었던 메디온Medion을 통해 선보인 자체 브랜드 상품인 '알디 컴퓨터'를 당시 시세의 절반 가격에 공급해 순식간에 완판, 몇몇 지점에서는 남은 알디 컴퓨터를 놓고 손님들이 난투극을 벌여 경찰이 출동하기까지 했다.

그리고 철저하게 비밀에 붙여진 자체 브랜드 상품의 제조사를 독일의 한 기자가 끈질기게 조사한 결과 네슬레Nestlé나 유니레버Unilever 같은 글로벌 대형 업체인 것으로 밝혀져 '값은 싸나 품질은 별로'라던 자체 브랜드 상품에 대한 인식을 바꿔 놓기도 했다. 게다가 독일 정부가 매달 발행하는 제품 평가

8 알디는 2000년이 되어서야 바코드 시스템을 도입했다.

보고서에서 알디의 자체 브랜드 상품 품질이 글로벌 유명 브랜드 상품의 품질에 뒤지지 않는다고 평가하면서 알디는 '값도 싼데 품질도 확실한' 독일의 국민 마트가 되었다.

1948년 알브레히트 형제가 넘겨받은 조그만 식료품 상점은 독일은 물론 유럽과 호주, 북아메리카에 이르는 18개국 9000여 개 매장에서 77조의 매출을 올리는 독일을 대표하는 공룡 기업이 되었다. 덕분에 2010년 동생 테오가, 2014년 형 카를이 사망하기 전까지 독일의 최고 부자 자리는 늘 알브레히트 형제의 차지였다.[9]

하지만 할인왕 알브레히트 형제의 강력함은 비단 그들의 부(富)로만 얻은 것이 아니었다. 억만장자로서는 상상이 안 될 정도의 검소함과 철저하게 자신들을 숨긴 은둔자적 기질이 더해졌기 때문이었다.

9 2009년 독일 《매니저 마가친Manager Magazin》 발표에 따르면 카를이 215억 달러로 부자 순위 1위, 테오가 188억 달러로 부자 순위 2위를 차지했고, 《포브스》의 2009년 억만장자 순위에서는 카를과 테오가 각각 6위와 9위에 올랐다.

할인왕의 3요소: 부자, 검소, 은둔

2009년 당시 알브레히트 형제의 재산은 403억 달러, 우리 돈으로 약 47조 700억 원으로 '부자 오브 더 부자'라 해도 모자람이 없었다. 당시 1위였던 빌 게이츠의 재산 400억 달러보다 무려 3억 달러가 더 많았다. 알브레히트 형제는 독일 최고의 갑부임에도 검소한 생활로 유명했다. 알디 매장이 화려함 대신 최저가로 승부했듯이 알디의 주인인 형제의 삶도 그러했다. 알브레히트 형제 가족의 결혼식, 장례식 등의 행사는 외부에 노출되지 않은 채 가족들끼리 조용하게 치러진다. 1955년

카를 알브레히트(좌)와 테오 알브레히트(우). 사적으로나 공적으로나 함께 찍힌 모습을 찾기 힘들 정도로 알브레히트 형제의 은둔 신공은 대단했다.

과 1957년 형제는 자신들의 사업을 시작했던 에센에 각각 평범한 주택을 구입해 50년이 넘게 살았다. 집안 복도에서 현관까지 5~6미터밖에 되지 않을 정도로 그들의 부와 명성에 비해 소박하기 그지없는 주택이었다.

1997년 알브레히트 형제는 두 차례에 걸쳐 약 7만 마르크(당시 한화 4200만 원)를 들여 가족 장지를 구입하기도 했는데, 알브레히트 형제가 장지를 전혀 관리하지 않아 잡초로 무성해지자 참다 못한 관리인이 형제에게 경고장을 보냈다. 얼마 후 알디의 트럭이 장지에 도착해 묘목을 잔뜩 내려놓고 갔다. 알브레히트 형제는 장지가 개판이 되든 말든 사신들의 장지를 꾸밀 묘목의 세일 기간을, 그것도 자신들의 알디 세일 기간을 기다렸던 것이다. 이렇듯 형제는 남의 시선에 연연하지 않았다. 테오는 이웃이자 대형 출판사 WAZ의 사장인 귄터 그로트캄프Günther Grotkamp가 연 파티에 자신이 음료를 제공하겠다고 제안한 뒤 알디에서 판매하는 값싼 샴페인을 제공했다. 손님들은 테오의 구두쇠 근성에 놀랐을 테고, 아마도 테오는 태연했을 것이다.

1971년 허름한 양복을 입고 혼자 운전해 집에 가고 있던 테오가 납치당하는 사건이 발생했다. 도박 빚에 시달리는 변호사를 포함한 2인조 납치범의 소행이었는데, 납치범들은 테오의 모습을 보고 억만장자라고는 믿어지지 않아 신분증 사진을 대조해가며 확인한 뒤 납치했다. 납치된 테오는 오히려 직접 인질들과 협상해 자신의 몸값을 깎았으며, 납치 17일 만에 풀려난 뒤 범인을 잡았으나 지불한 몸값(400만 달러)의 절반밖에 찾지 못해 현상금(60만 마르크)을 내걸었고, 법정에서 자신의 몸값에 대한 세금 감면을 요구해 슈퍼 구두쇠의 위용을 뽐내기도 했다.[10]

1971년 테오의 납치 사건은 가뜩이나 외부에 노출되는 것을 꺼리는 알브레히트 형제가 더욱 철저하게 외부와 차단하고 은둔하는 계기가 됐다. 형제의 공식 사진도 1971년에 공개된 것이 유일하며, 언론을 통해 알려진 공식 발언 역시 1953년 "저렴한 가격이야말로 우리의 광고다"라는 카를의 발언이 유일할 정도다. 형제는 지역 단체와 주민을 꾸준히 지원했는데 조건은 '우리의 지원을 일체 발설하지 않는다'였다. 치료비를 지원받은 이가 죽은 뒤에나 세상에 알려지곤 했다.

2010년 테오의 장례식도, 2014년 카를의 장례식도 식을 모두 마친 뒤에 가족의 발표를 통해 언론에 보도되었다. 2010년 테오가 사망하기 몇 달 전 한 독일 언론에서는 '카를 알브레히

10 물론 독일 법원은 테오의 세금 공제 신청을 거부했다.

트가 90세 생일을 맞이했을 것'이라는 추측성 기사를 내보내기도 했는데, 언론에서조차 생사를 파악하지 못했을 정도로 철저하게 세상과 자신들을 차단해온 형제의 은둔자적 기질을 엿볼 수 있는 대목이다. 이렇게 알브레히트 형제는 그들이 이룩한 부와 그에 어울리지 않는 검소함, 은둔자적 기질을 세상을 떠나는 날까지 유지했다.

왕의 시대: 할인에 감춰진 불편한 진실

월마트, 테스코, 코스트코, 까르푸. 세계를 호령하는 글로벌 유통기업계의 '판타스틱 포'다. 업계 최강자인 월마트는 매출액이 2012년 기준 4690억 달러로, 1012억 달러의 매출을 올린 테스코를 가볍게 제치고 왕좌를 유지했다(롯데쇼핑은 48위).[11] 이에 비해 알디는 매출액 730억 달러로 월마트의 16퍼센트밖에 되지 않았으나(전체 순위 8위) 주목해야 할 지표는 성장률과 해외 매출 비중이다. 성장률은 월마트(5퍼센트)보다 알디(7.5퍼센트)가 앞섰으며, 해외 매출 비중에서도 알디(59.2퍼센트)가 월

11 Global Powers of Retailing 2013(대한상공회의소).

보통 다른 장사꾼들은 디지털 레코더를 49달러에 얻어 어떻게 하면 이걸 52달러에 팔 수 있을까 고민하지만, 우리는 그걸 다른 곳보다 9달러나 낮은 40달러에 팔면서 어떻게 하면 38달러에 얻을 수 있을지를 고민한다.

제임스 시네갈(코스트코 창업주)

마트(29.1퍼센트)를 압도했다. 알디는 '값싸고 품질 좋은 제품을 공급한다'는 철칙에다 지멘스Siemens와 BMW에 이어 독일인이 가장 존경하는 기업으로 꼽는다는 기업 이미지(GfK 조사 결과), 검소한 은둔자 알브레히트 형제의 존재감이 더해져 빠르게 시장을 확대해나가고 있다.

하지만 세상에 공짜란 없는 법. 이제 이쯤에서 던져야 할 질문이 있다. 바로 알디가 만들어낸 최저가의 진실이다. 생활용품 판매점인 다이소Daiso의 관계자는 한 매체와의 인터뷰[12]에서 경쟁사보다 최대 20퍼센트 저렴한 알디의 가격에 대한 질문에 "20퍼센트는 불가능에 가깝다. 제품가에 2.5~3퍼센트 정도의 물류비와 20퍼센트가 넘는 인건비가 들어가는데 이것을 줄이는 것은 철저히 그 회사의 능력이다"라고 답했다. 알디가 공식적으로 내세우는 최저가 실현 프로세스는 최소한

12 '유럽판 다이소 알디를 아십니까', 《비니지스워치》 2015. 3. 18.

의 품목을 취급해 단순화하고 집중도를 높이는 것, 자체 브랜드 상품 비율을 최대한 높여 브랜드의 거품을 빼는 것, 매장 면적과 인테리어 비용, 물류비, 심지어 광고비까지 모든 비용을 쥐어짜 절약하는 것 정도다. 하지만 동종 업계 관계자들마저 혀를 내두르는 최저가의 비밀은 바로 인건비에 있다.

유통과 같은 상거래에서 인건비가 차지하는 비율은 보통 매출액의 15~35퍼센트다. 하지만 알디의 경우 2.5퍼센트 정도 되는 것으로 추정된다. 알디의 모든 매장은 최소한의 인원(매장 평균 3명)으로만 운영된다. 고용된 인원은 계산과 물품 정리, 청소 등 모든 일을 해야 한다. 그러다 보니 초과근무가 빈번하게 발생할 수밖에 없다. 2000년 가을 프랑스 노동조합은 알디의 사원들이 초과근무 수당도 없이 최고 60시간까지 일하고 있다고 폭로했으며, 같은 해 알디 아일랜드 지점 직원들이 초과근무를 강요당하고 있다고 언론에 공개하자 그중 다섯 명이 해고되기도 했다. 알디 매장의 여직원들은 오랫동안 '콜걸'로 불려왔다. 전화를 받는 즉시 필요한 일들을 할 준비가 돼 있어야 했기 때문이다.

이뿐만이 아니다. 알디의 직원들은 사내 연애 시 상사에게 보고해야 하며, 피어싱은 금지되어 있고 수염 역시 환영받지 못하는 것으로 알려져 있다. 그럼에도 알디는 지금까지 노사간 큰 분쟁이 없었다. 알디에는 노조가 없기 때문이다. 대부분의 분쟁은 해고로 이어지고 해고 후 알디는 거액의 보상금을 지급한 뒤 침묵 각서에 서명을 받고 소송을 피한다. 이처럼 강도 높은 일방적인 인력 관리가 최저가 실현에 한몫 단단히 하고 있음을 예상해볼 수 있다. 하지만 이러한 상황에 대해 알디 노스의 고위 관리자는 다음과 같이 말했다. "임금이 계산되지 않는 노동 시간이 다소 있더라도 평균보다 높은 기본임금을 받기 때문에 그 노동 시간에 대해서도 임금이 지급되는 것과 마찬가지입니다."

독일의 시사 주간지 《슈피겔Der Spiegel》에 따르면 하드 디스카운트 스토어의 가격에 맞춰 우유를 공급할 수 있는 농장은 대형화된 10여 개 정도뿐이라고 한다. 2013년 독일에서만 3300개의 농장이 문을 닫았는데, 이는 소비자들이 알디와 같은 하드 디스카운트 스토어에서 최저가 우유를 구매하는 데 따르는 희생이다. 독일 소매상협회는 2003년 3월 알디를 비롯한 초저가 할인업체들이 전해에 3만 5000개의 작은 상점들을 문 닫게 했다는 보고서를 발표했다. 이 보고서가 발표된 날 바이에른 주 농민들은 피켓을 들고 2001년 이후 우유 값이 15퍼센트나 하락했다며 항의 시위를 진행했다. 또한 한스 바이스Hans Weiss와 클라우스 베르너Klaus Werner는 그들의 저서 《나쁜 기

독일 알디 매장 앞에서 진행된 시위 모습. 피켓에는 "알디가 공정한 금액을 지불하지 않을 경우 앞으로의 길이 험난해질 것이다"라는 경고 문구가 쓰여 있다.

업》을 통해 알디가 태평양산 작은 새우를 저가 공급하면서 동남아시아 해안 지역이 새우어장으로 탈바꿈했는데, 그로 인해 생태학적으로 아주 중요한 열대우림이 사라지고 우림에 기반을 둔 마을 주민들의 생계가 위협받고 있다고 고발했다.

'최저가' '할인'이라는 명목 아래 주변 이웃들의 생계가 위태로워지는 상황에도 불구하고 소비자들은 품질 좋은 최저가 상품에 박수를 보낸다. 납품업체들 사이에서는 알디에 납품하는 것이 축구선수가 분데스리가에 진출하기보다 더 어렵다고 하면서도 어떻게든 알디의 납품업체로 선정되기 위해 안간힘을 쓴다. 알디는 납품업체와의 약속을 어기지 않고 뇌물,

금품 등 그 어떤 비윤리적 행위도 용납하지 않는 것으로 정평이 나 있다. 하지만 거기에는 '알디만의 혹독한 요구'라는 대가를 필요로 한다. 살아남기 위해 알디의 납품업체가 되어야만 하는 것이다.

사실 이것은 그다지 놀라운 이야기가 아니다. 우리 주변에서도 늘 볼 수 있는 흔한 일이기 때문이다. 독일을 대표하는 알디라고 해서 다를 바는 없다. 그저 그들만의 고품질·최저가 방식과 창업주 알브레히트 형제의 검소함과 은둔이란 가십 덕에 덜 주목받았을 따름이다.

알브레히트 형제가 모두 사망하면서 알디는 시즌2를 맞이했다. 자국에서의 입지를 더욱 견고히 하며, 미국을 중심으로 한 해외 진출에 박차를 가하고 있다. 미국에서의 안착으로 다음 행선지는 중국을 중심으로 한 아시아가 될 확률이 높다. 과연 알디는 꾸준히 지적받아온 문제들을 풀어갈 수 있을 것인가. 적어도 당분간은 '그럴 일 없다'고 보는 게 합당하다. 알브레히트 형제가 남과 북으로 알디를 나누었을 때도 그들의 운영 원칙은 변하지 않았다. 그리고 알브레히트 형제가 모두 떠난 지금도 변화의 조짐은 찾아볼 수 없다. 알디는 철저하게 가족이 아닌 경영자 그룹이 맡고 있는데, 경영자 그룹은 오랫동안 알브레히트 형제와 운영 원칙을 공유해온, 형제의 유지를 단단히 붙들고 늘어질 이들로 구성되어 있기 때문이다. 이에 대해 《슈피겔》은 시장 연구자의 말을 빌려 이렇게 이야기했다.

> "알디는 할인매장으로서의 원칙을 포기하느니 원칙을 지키면서 위엄 있게 몰락해갈 것입니다."

알디는 여전히 그 실체가 명확하지 않다. 알디 사우스와 알디 노스는 수십 개의 회사로 구성되어 있고, 공식적인 전체 기업 재무제표는 오랫동안 공개하지 않았다.[13] 알디는 수시로 매출 현황을 체크하지 않는다. '최저가 구현'을 위한 그들의 집중력을 저해한다는 이유에서다. 그들의 수익은 오랜 기간 확실했다. 덕분에 은행 대출을 금기시하는 그들의 방침은 번복된 적이 없다. 상장도 하지 않았을 뿐만 아니라 지금도 매장 확대에 필요한 모든 자금을 현금으로 처리한다. 알브레히트 형제의 은둔자적 기질을 알디도 빼다 박은 것이다. 2010년 사망하기 전 테오 알브레히트는 경영자에게 보낸 편지에 이렇게 썼다.

13 개별 회사들의 재무제표도 기업 정보를 공개하라는 독일 정부의 압력에 밀려 2003년에야 공개했다.

"우리의 성공 아이디어를 잊어버리지 말 것을 당부하고 싶소."

앞으로도 알디는 알브레히트 형제의 알디와 마찬가지일 테고, 여전히 많은 이들이 알디의 최저가에 환호할 것이다. 덕분에 할인왕 알브레히트 형제가 세운 알디 왕조는 당분간 변함없는 모습으로 유지될 것이다. 그리고 알디뿐 아니라 아마존이든 코스트코든 모든 유통업체가 '낮은 가격'을 향해 무한질주를 계속할 것이다. 누군가의 노동과 누군가의 생계, 누군가의 터전과는 무관하게 말이다.

《보물섬》의 작가 로버트 루이스 스티븐슨의 말처럼 사람은 누구나 무엇을 팔며 산다. 동시에 "어떻게 팔 것인가?"라는 질문에 늘 마주한다. 그 질문에 대한 알브레히트 형제의 대답은 '할인'이었다. 물론 다른 가치를 담은 대답도 얼마든지 많지만 말이다.

- 가브리엘 가르시아 마르케스, 《납치일기》, 민음사, 1999.
- 게르트 기거렌처, 《지금 생각이 답이다》, 추수밭, 2014.
- 고사카 슈헤이, 《미시마 유키오 대 동경대 전투공 1969~2000》, 새물결, 2006.
- 기 들릴, 《굿모닝 예루살렘》, 길찾기, 2012.
- 김민구, 《경제상식사전》, 길벗, 2015.
- 김종성, 《한국 중국 일본, 그들의 교과서가 가르치지 않은 역사》, 역사의아침, 2015.
- 김태권, 《김태권의 십자군 이야기》, 비아북, 2011.
- 나심 니콜라스 탈레브, 《블랙스완》, 동녘사이언스, 2008.
- 노암 촘스키, 《해적과 제왕》, 황소걸음, 2004.
- 다이앤 머레이, 《그들의 바다: 남부 중국의 해적 1790-1810》, 심산문화(심산), 2003.
- 돈 윈슬로, 《개의 힘》, 황금가지, 2012.
- 디어크 뮐러, 《언론이 말하지 않는 경제 위기의 진실》, 청아출판사, 2009.
- 디터 브란데스, 《단순하게 경영하라》, 모색, 2005.
- 라은성, 〈세르베투스 비엔느 공판: 존 칼빈의 관련을 중심으로〉, 《칼빈연구》 제3집, 한국칼빈학회

- 리처드 M. 스타인버그, 《거버넌스 리스크 관리 컴플라이언스》, 연암사, 2013.
- 마이클 J. 실버스타인·존 부트먼, 《소비자의 반란》, 세종서적, 2006.
- 말콤 글래드웰, 《그 개는 무엇을 보았나》, 김영사, 2010.
- 메리 버핏·데이비드 클라크, 《워렌 버핏의 포트폴리오 투자전략》, 비즈니스북스, 2012.
- 미시마 유키오, 《금각사》, 웅진지식하우스, 2002.
- 민프레트 마이, 《상식과 교양으로 읽는 유럽의 역사》, 웅진지식하우스, 2008.
- 바턴 빅스, 《투자전쟁》, 휴먼앤북스, 2006년.
- 박재선, 《100명의 특별한 유대인》, 메디치미디어, 2013.
- 백욱인, 《인터넷 빨간책》, 휴머니스트, 2015.
- 벤자민 카플란, 《유럽은 어떻게 관용사회가 되었나》, 푸른역사, 2015.
- 사이먼 크리칠리, 《죽은 철학자들의 서》, 이마고, 2009.
- 셸리 케이건, 《죽음이란 무엇인가》, 엘도라도, 2012.
- 쉐일라 코로넬 외, 《The News 더 뉴스》, 아시아네트워크, 2008.
- 슈테판 츠바이크, 《다른 의견을 가질 권리》, 바오, 2009.
- 아론 브레크먼, 《6일 전쟁 50년의 점령》, 니케북스, 2016.
- 아쿠타가와 류노스케 외, 《태어나서 미안합니다》, 문학사상, 2010.
- 앵거스 커스텀, 《해적의 역사》, 가람기획, 2002.
- 어니스트 볼크먼, 《20세기 첩보전의 역사: 인물편》, 이마고, 2004.
- 엄태암, 〈콜롬비아와 美國의 痲藥戰爭〉, 《주간국방논단》, 1991.
- 오구마 에이지, 《일본이라는 나라》, 책과함께, 2007.
- 원종우, 《조금은 삐딱한 세계사》, 역사의아침, 2012.
- 이강혁, 《스페인 역사 100장면》, 가람기획, 2003.

• 이경식, 《미쳐서 살고 정신들어 죽다》, 휴먼앤북스, 2011.
• 이성형, 〈미국의 對콜롬비아 마약 전쟁: 현실주의 외교 논리의 문제점〉, 《라틴아메리카연구》 제18권, 2005.
• 이화승, 《상인 이야기》, 행성B잎새, 2013.
• 정찬일, 《비이성의 세계사》, 양철북, 2015.
• 제임스 힐먼, 《나는 무엇을 원하는가》, 토네이도, 2013.
• 조 사코, 《팔레스타인 가자 지구 비망록》, 글논그림밭(글숲그림나무), 2012.
• 조성권, 〈콜롬비아 메데인 카르텔의 부상과 몰락의 원인분석〉, 《이베로아메리카 》 제6권, 1995.
• 조엘 레비, 《비밀과 음모의 세계사》, 휴먼앤북스, 2005.
• 조지 소로스, 《오류의 시대》, 네모북스, 2006.
• 최진주·문향란·남보라, 《세계 슈퍼 리치》, 어바웃어북, 2012.
• 폴 메이슨, 《탐욕의 종말》, 한겨레출판, 2009.
• 폴 존슨, 《유대인의 역사》, 포이에마, 2014.
• 프란체스코 귀차르디니, 《처세의 지혜》, 노브16, 2006.
• 한스 바이스·클라우스 베르너, 《나쁜 기업》, 프로메테우스, 2008.
• 홍익희, 《월가와 연준을 장악한 유대인들》, 퍼플, 2012.
• Juan Reinaldo Sanchez with Axel Gyldén, 《The Double Life of Fidel Castro》, St. Martin's Griffin, 2016.
• 橋川 文三·今井 清一, 《日本の百年〈8〉果てしなき戦線—1937~1945》 筑摩書房, 2008.

우리가 몰랐던
세상의 모든 왕들

초판 1쇄 발행 | 2016년 10월 27일
초판 2쇄 발행 | 2016년 12월 10일

지은이 김진
책임편집 조성우
편집 손성실
마케팅 이동준
디자인 권월화
용지 월드페이퍼
제작 (주)상지사P&B
펴낸곳 생각비행
등록일 2010년 3월 29일 | 등록번호 제2010-000092호
주소 서울시 마포구 월드컵북로 132, 402호
전화 02) 3141-0485
팩스 02) 3141-0486
이메일 ideas0419@hanmail.net
블로그 www.ideas0419.com

ISBN 979-11-87708-00-1 03300

책값은 뒤표지에 있습니다.
잘못된 책은 바꾸어드립니다.